國家圖書館藏

民族文字古籍叢書

一

陳紅彥　薩仁高娃　主编
全桂花　執行主编

北京大學出版社
PEKING UNIVERSITY PRESS

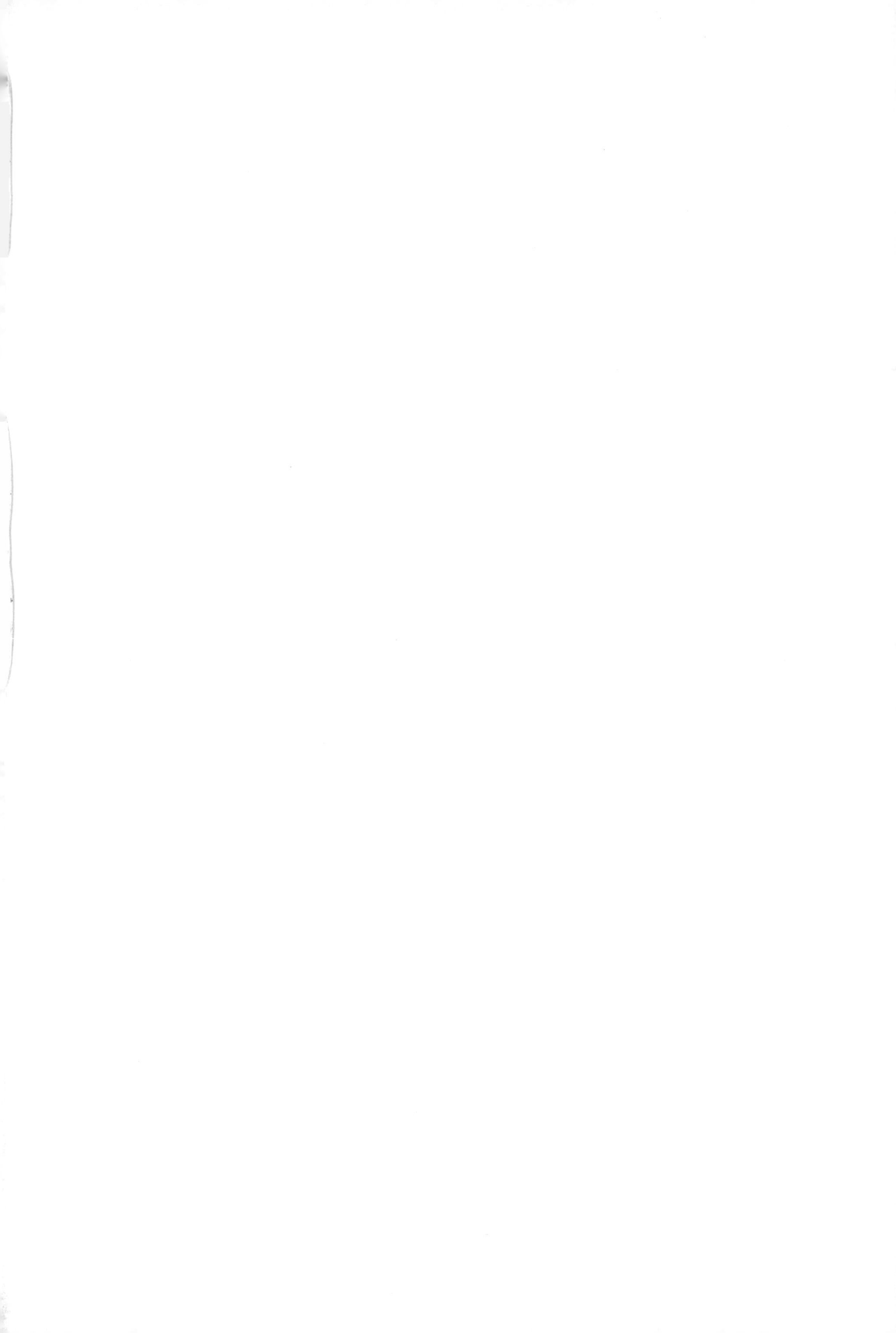

國家出版基金項目

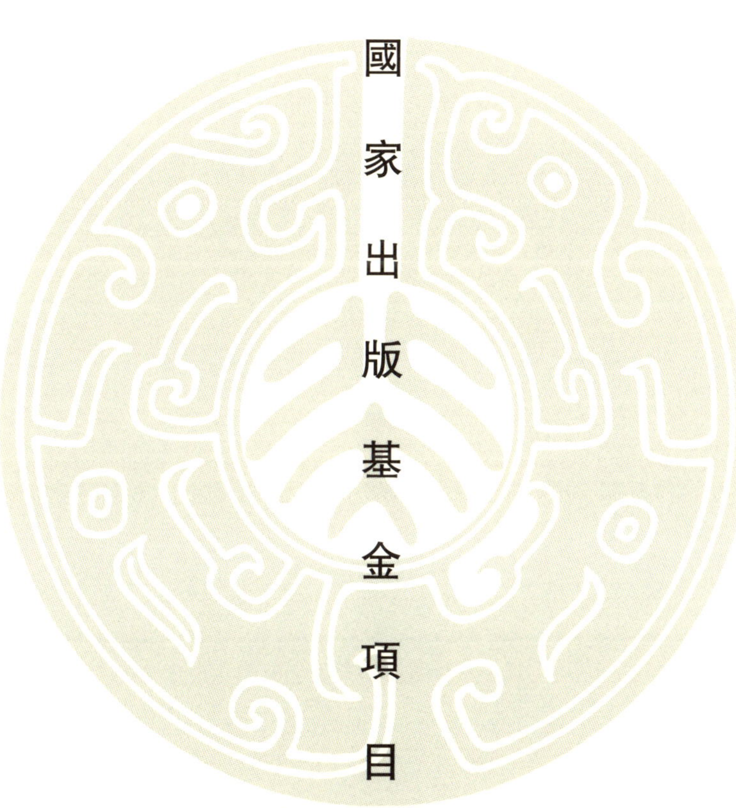

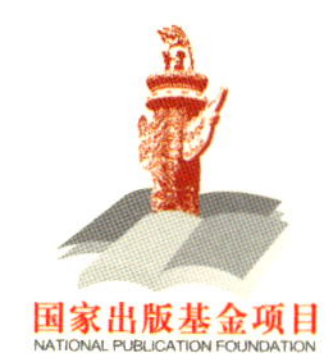

目録

◇ 近代蒙古文

金光明最勝王經

〔元〕希儒僧格譯。清磁青紙泥金寫本，梵夾裝，60.8 釐米 ×16.8 釐米。館藏號：Meng0229。

《金光明經》，又稱《金光明最勝王經》《最勝王經》，大乘佛教經典，旨「若讀誦本經，其國即得四大天王之所守護」，在中國得到廣泛流傳，先後出現多種譯本。蒙藏文《金光明經》分長、中、短三類。藏文長本爲十卷三十一品本，吐蕃時期班智達郭·卻珠譯自漢文義凈本，見於敦煌寫卷和藏文《甘珠爾》中；喇爾吉又從藏文譯成蒙古文本，僅見於蒙古文《甘珠爾》中。中《金光明經》是十卷二十九品本，大譯師也協德譯自梵文，蒙古文本則由著名通事希儒僧格譯自藏文。短《金光明經》爲五卷二十一品本，蒙藏文《甘珠爾》中均有收録。

蒙古文各譯本中，希儒僧格譯本流傳最廣，版本繁多。目前國内所見蒙古文《金光明最勝王經》單行本皆爲希儒僧格譯本，先後於順治十六年（1659）、康熙四年（1665）、康熙五十七年、康熙六十年在北京刊印。又以抄本形式廣爲流傳，其中既有泥金寫本，也有朱墨或多色套寫本。

此爲磁青紙泥金寫本，凡 151 葉，上下各有一塊精細雕刻的紫檀護經板，並有特製玻璃罩精心保護。首葉左右側有佛像，結尾有二十六行梵文。紙張正面左側有蒙古文經名和頁碼。經書紙張質厚且韌，字體工整，外觀精美，入選第二批《國家珍貴古籍名録》，名録號 06716。

上護經板外

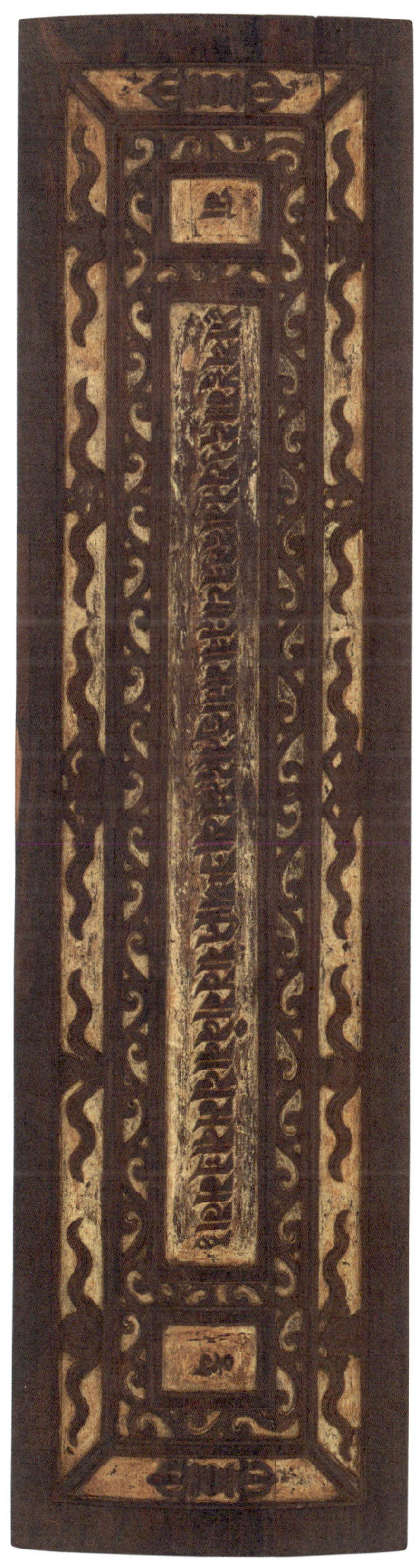

上護經板内

上夾板外

上夾板内簾

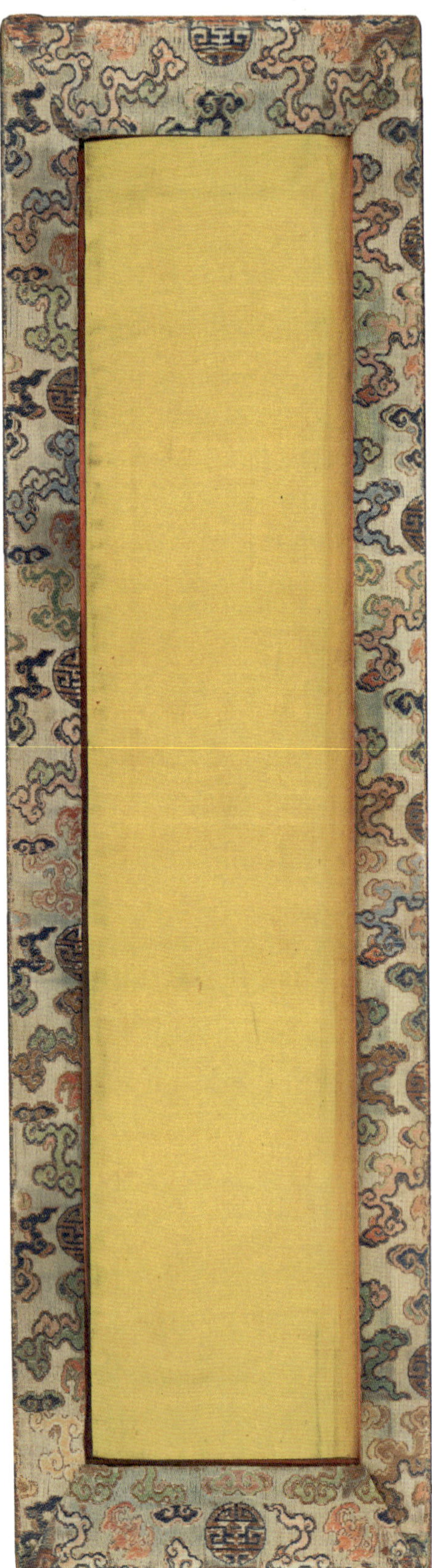

上夾板內經首

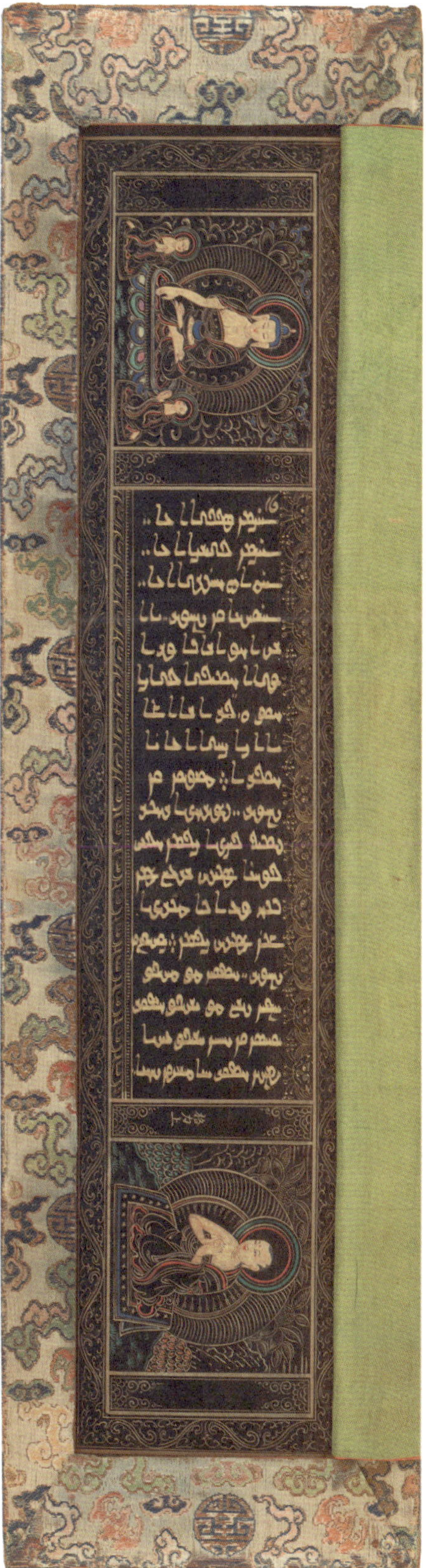

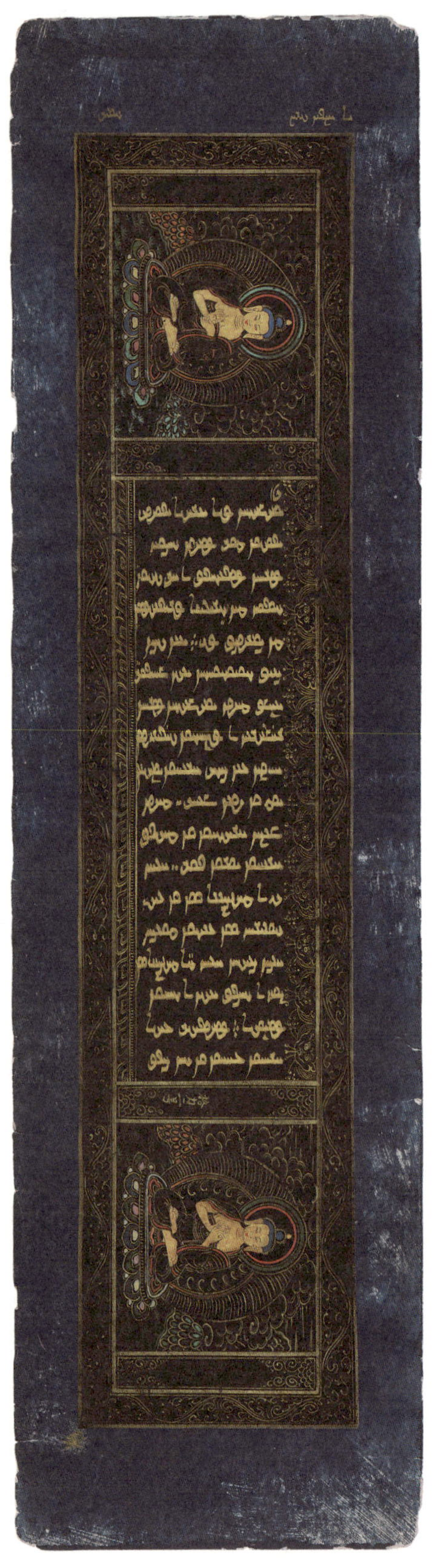

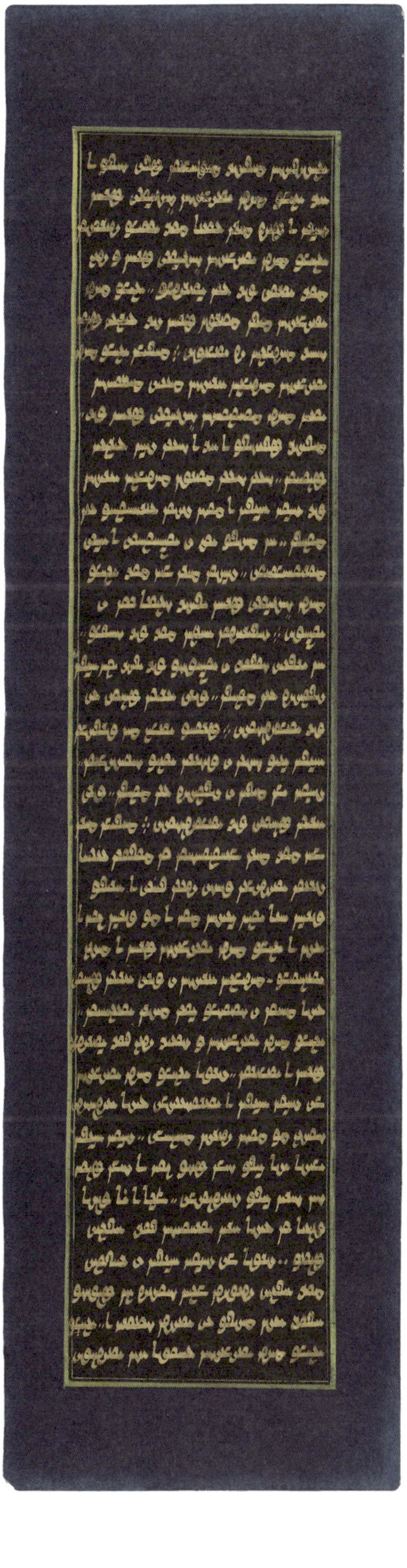

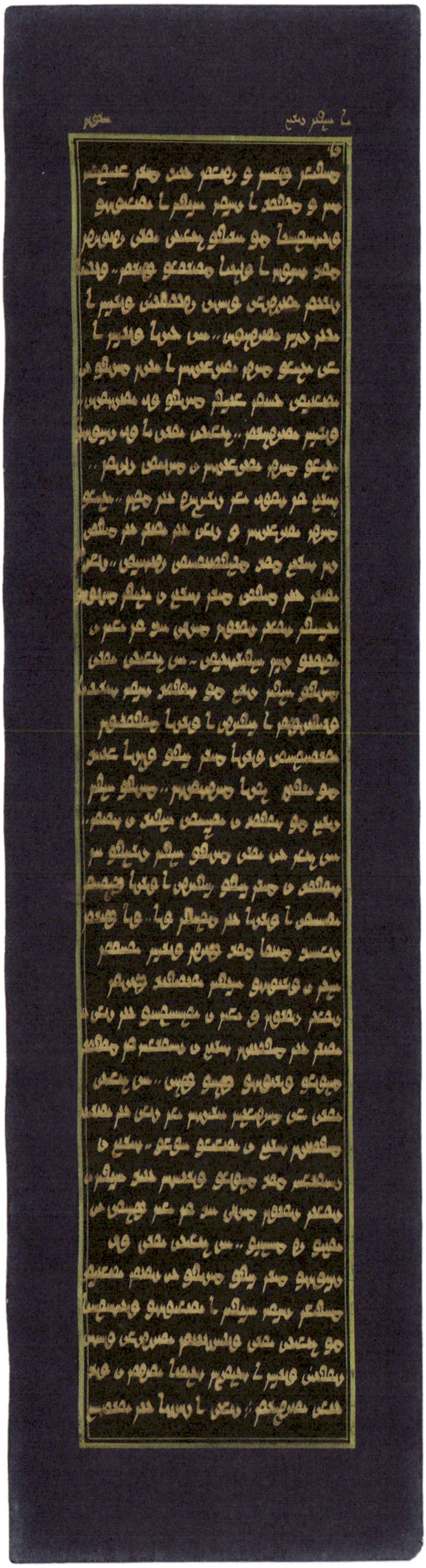

近代蒙古文　金光明最勝王經

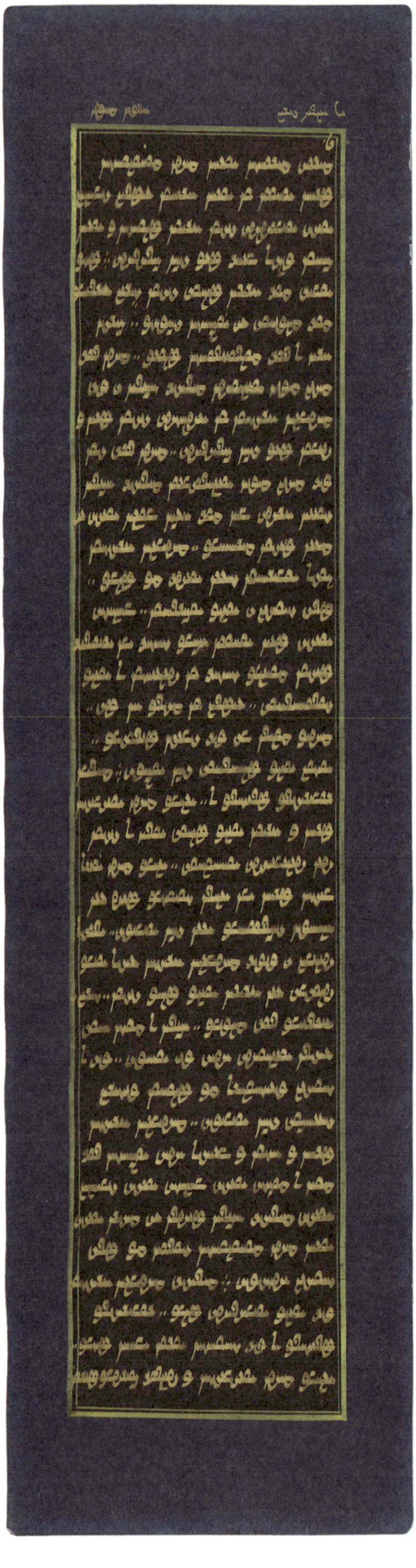

近代蒙古文　金光明最勝王經

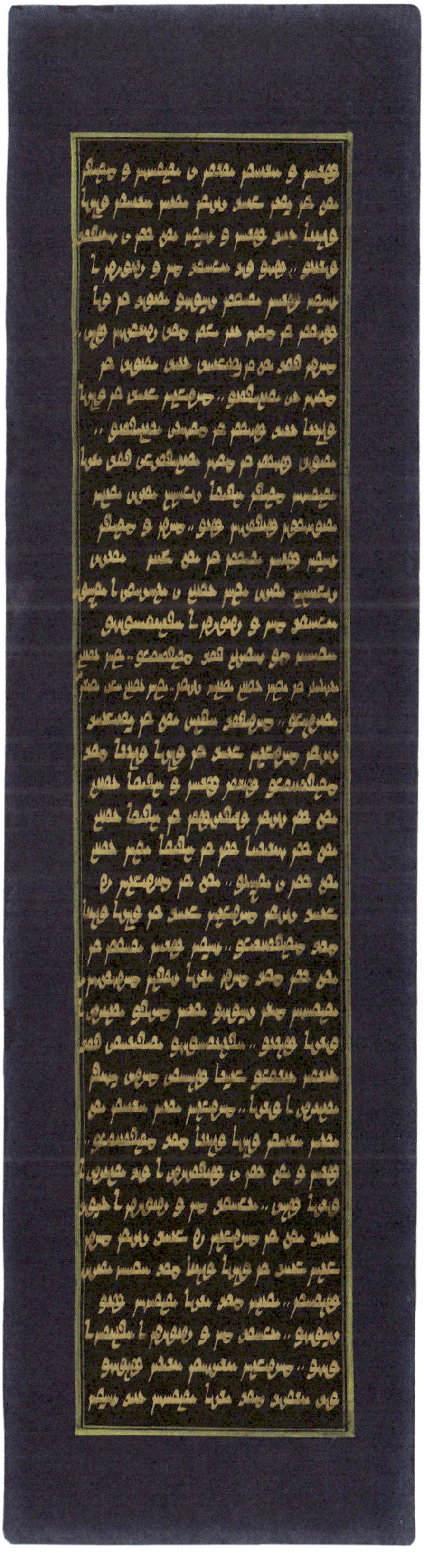

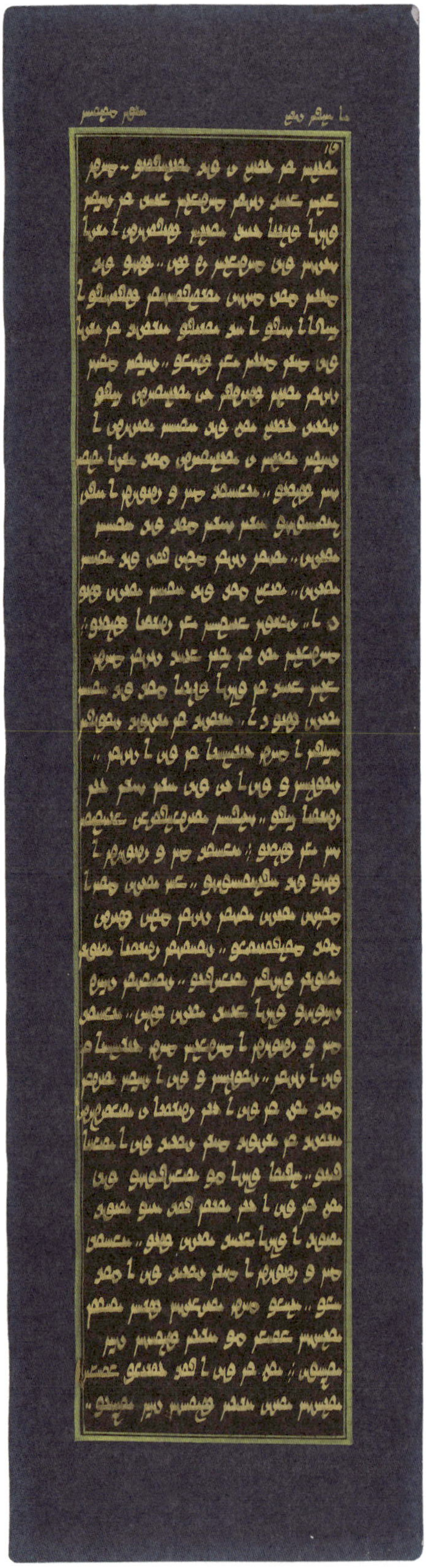

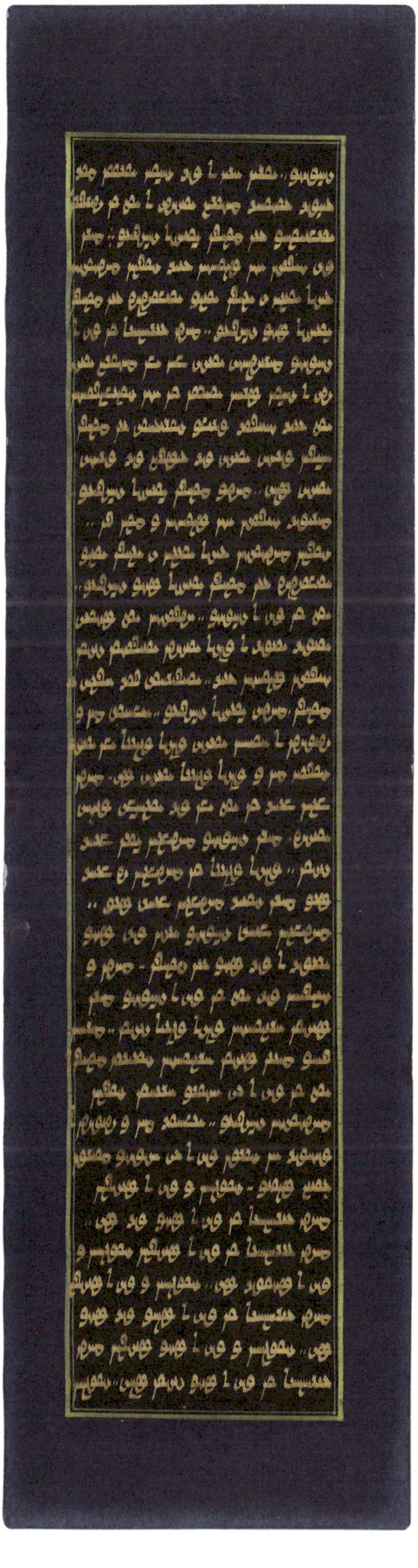

近代蒙古文　金光明最勝王經

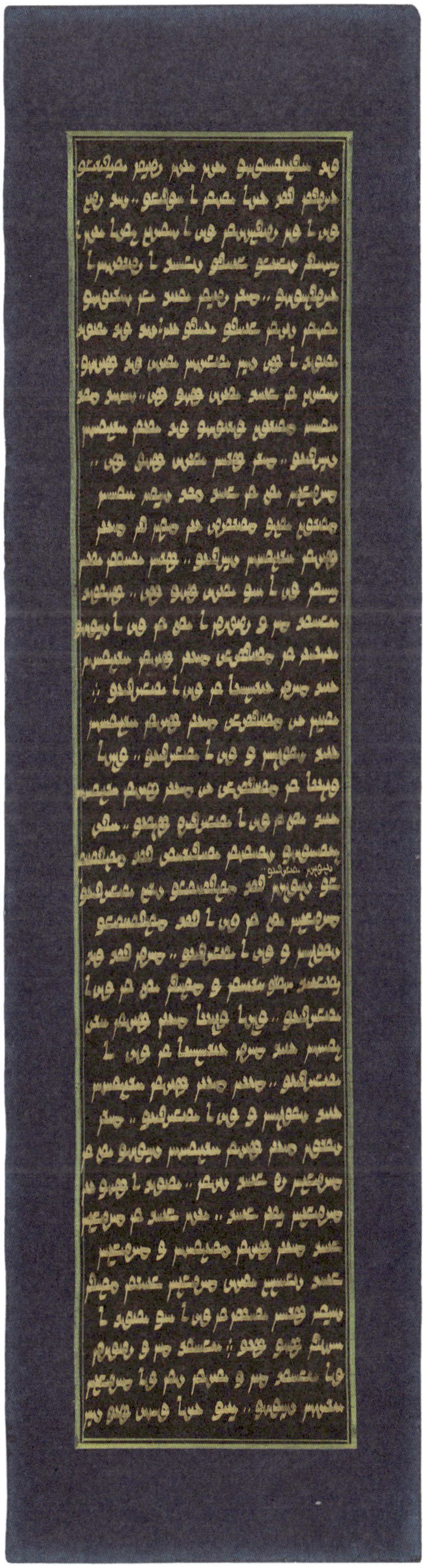

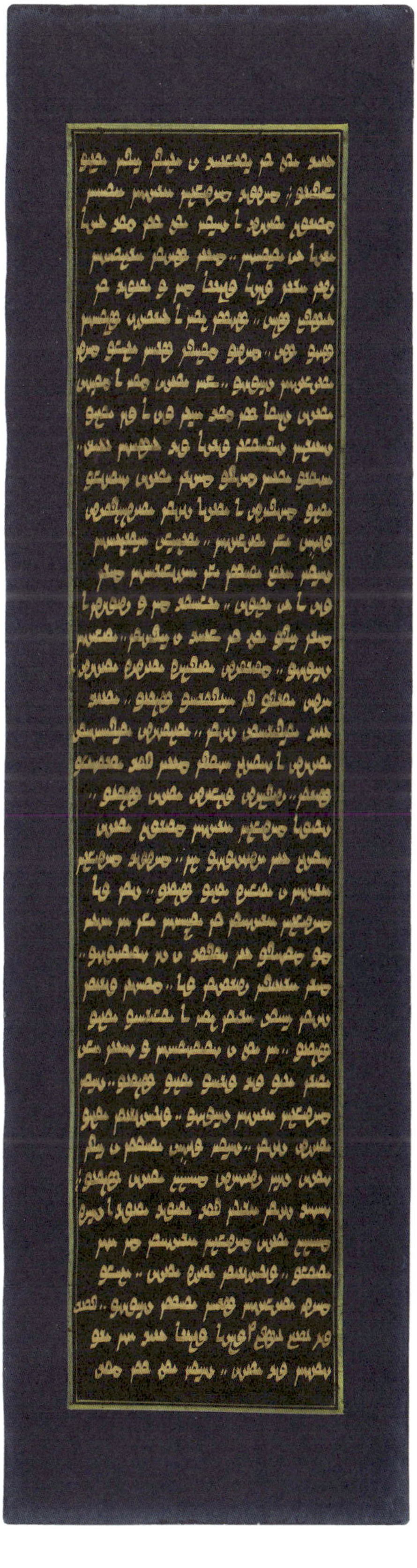

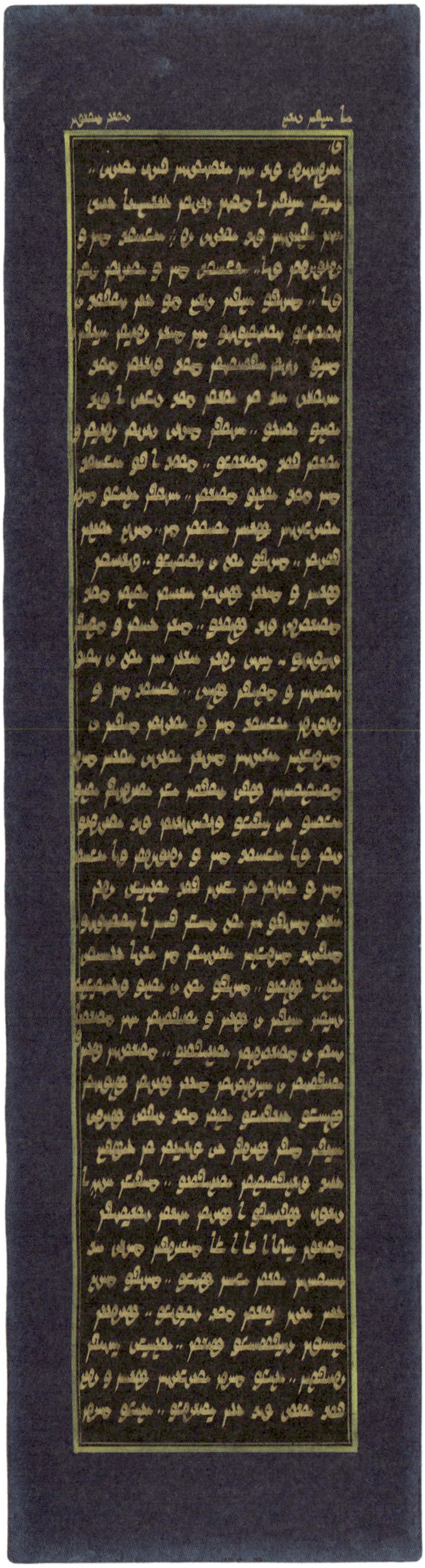

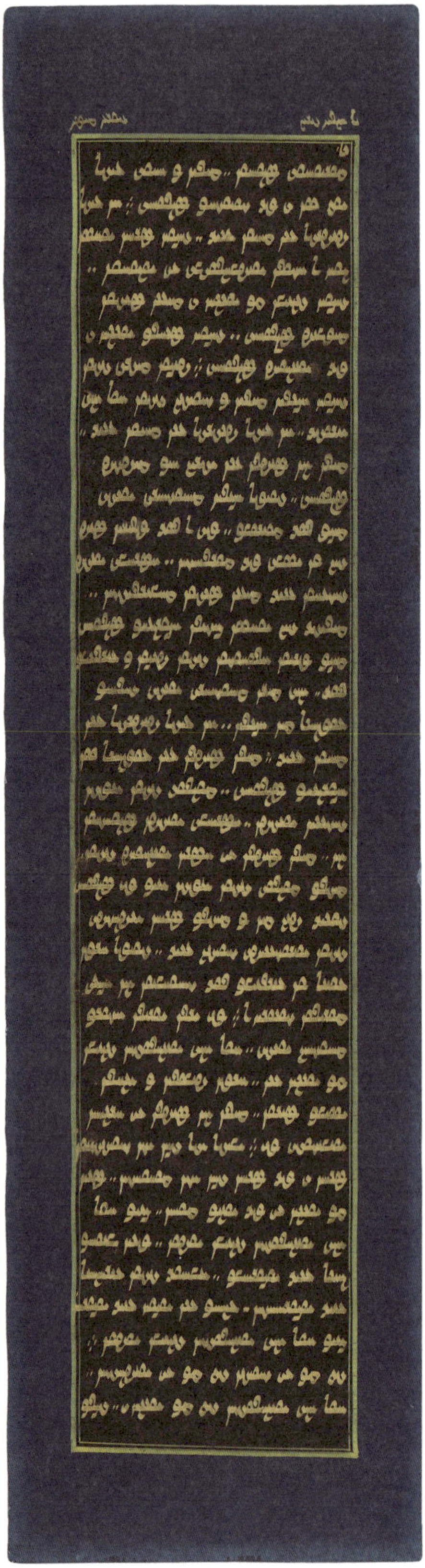

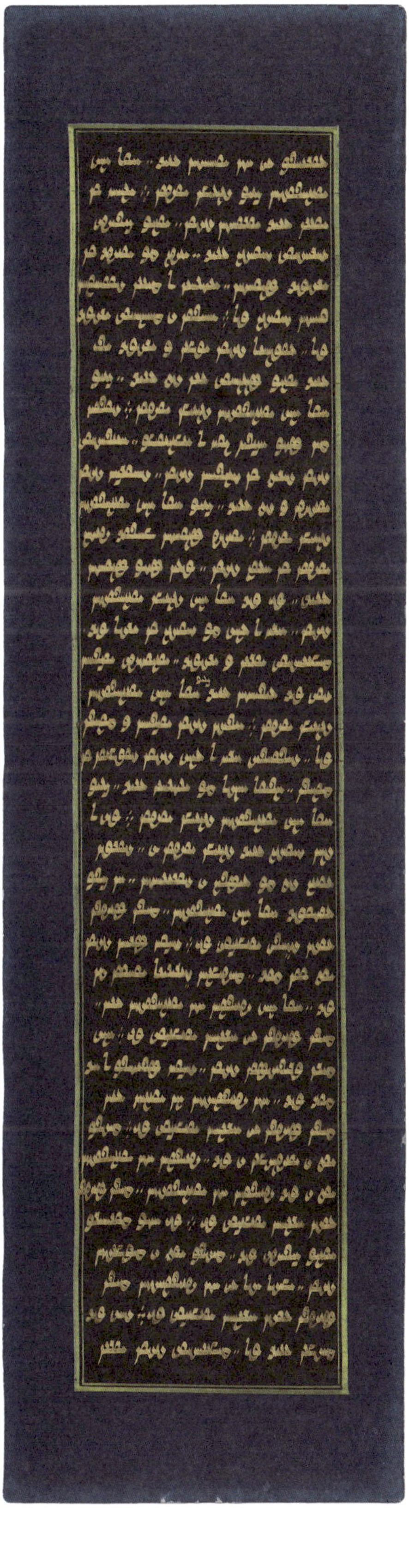

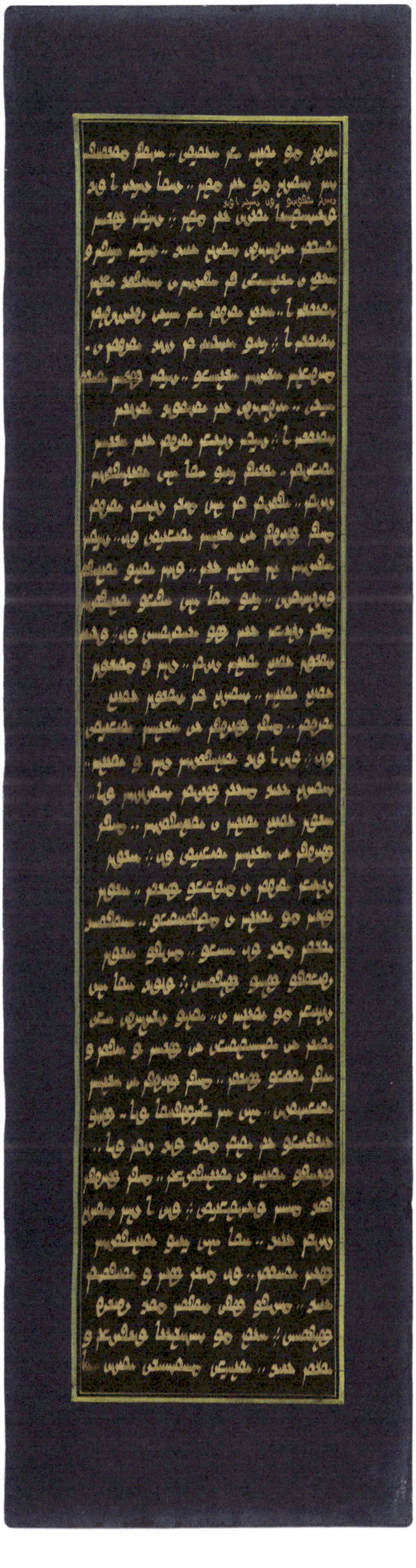

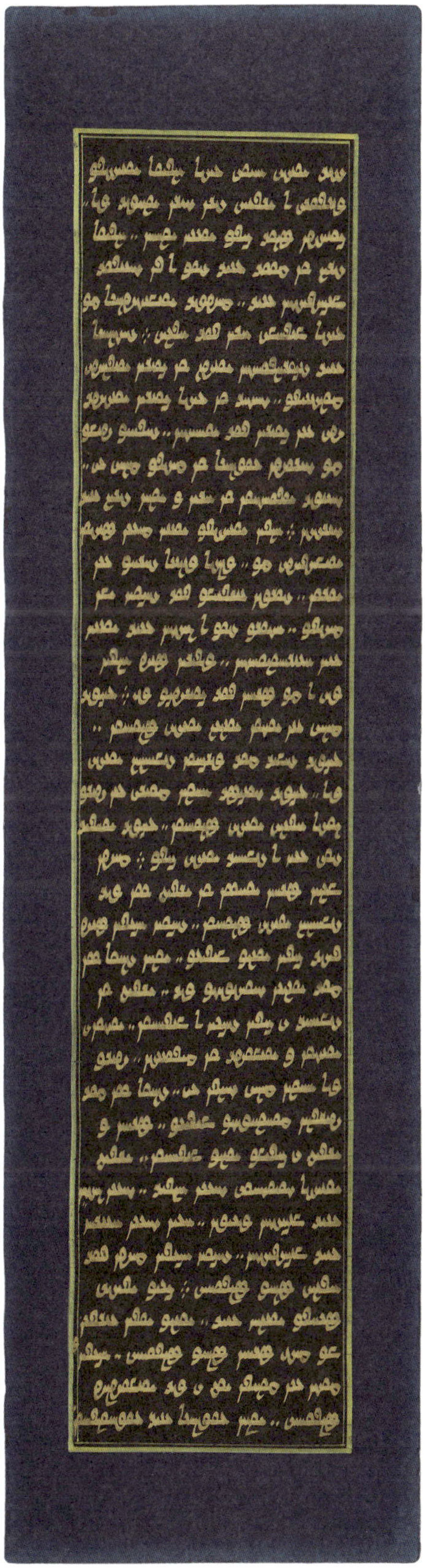

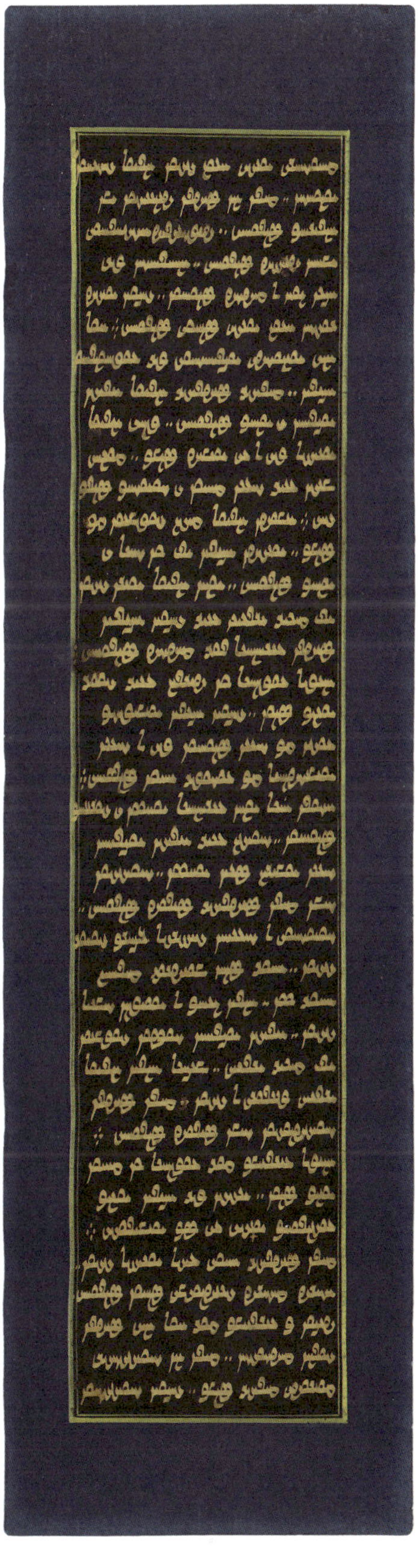

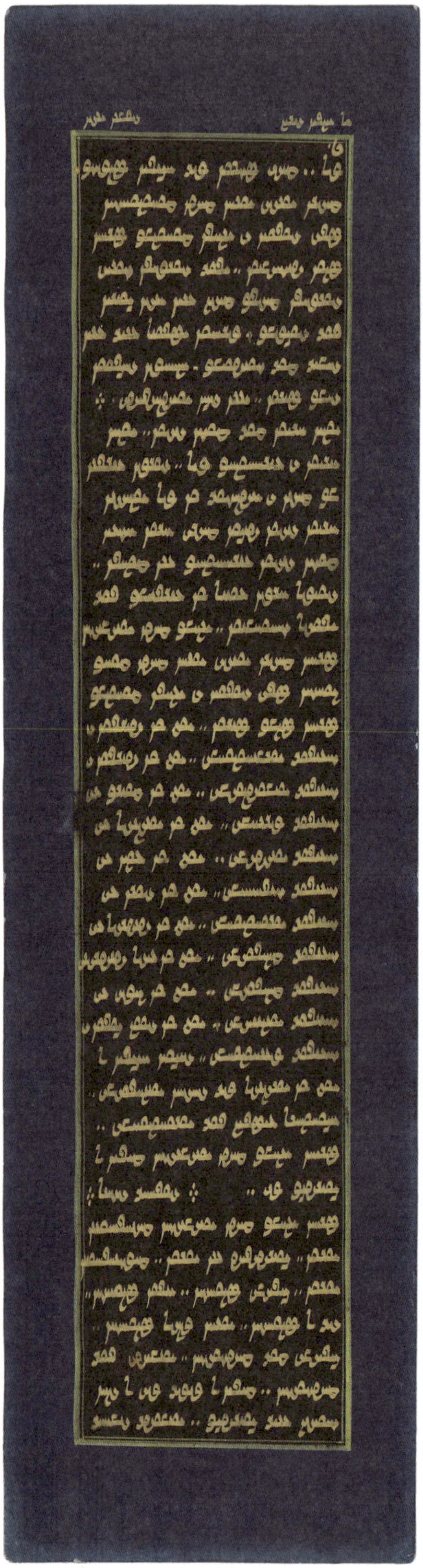

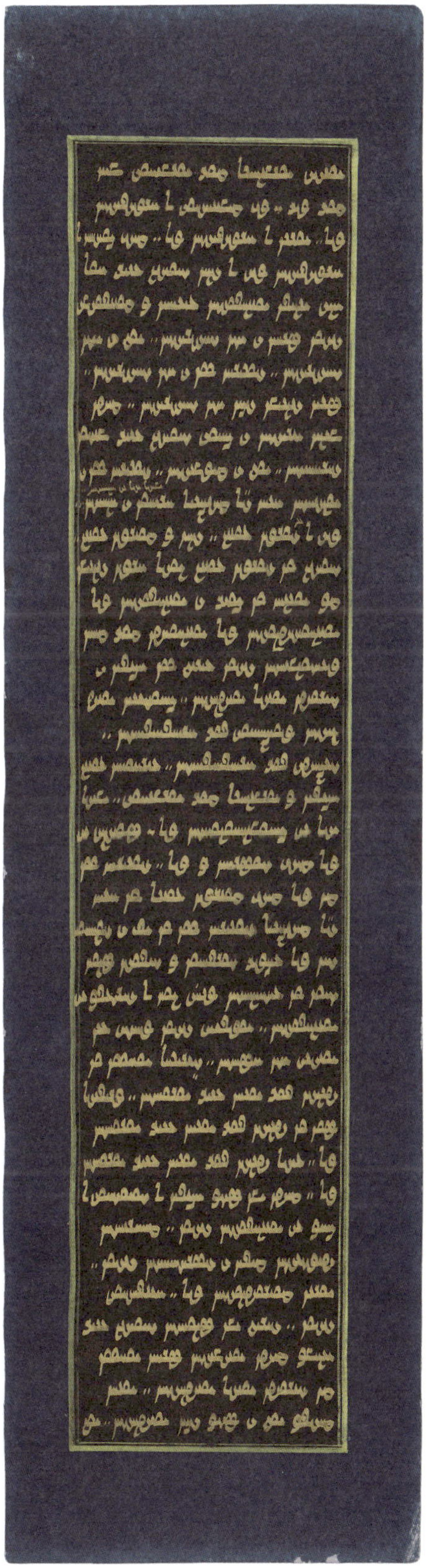

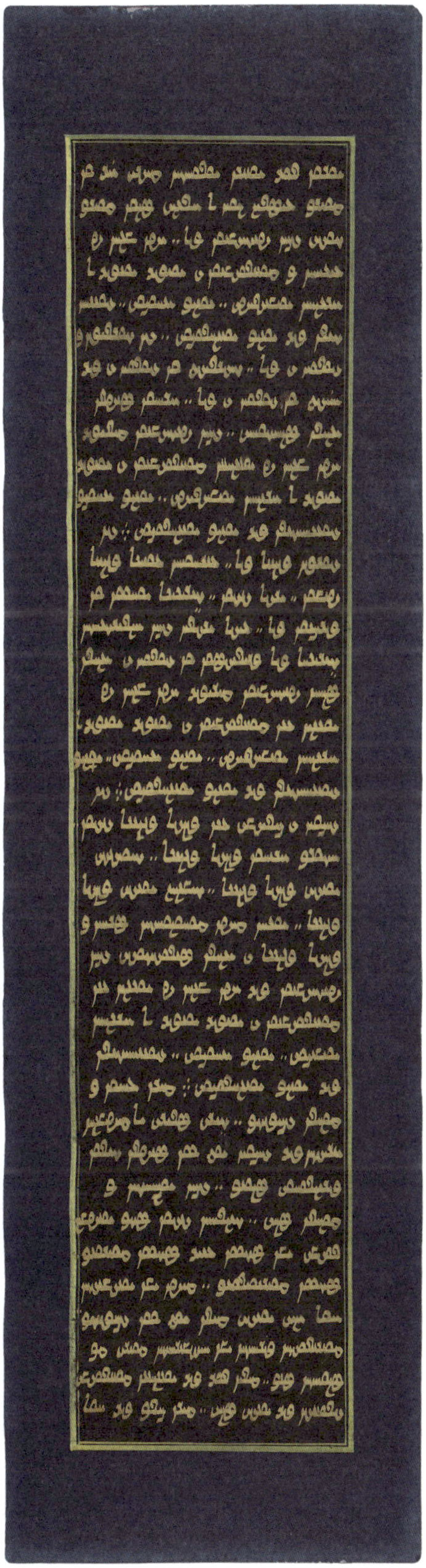

近代蒙古文　金光明最勝王經

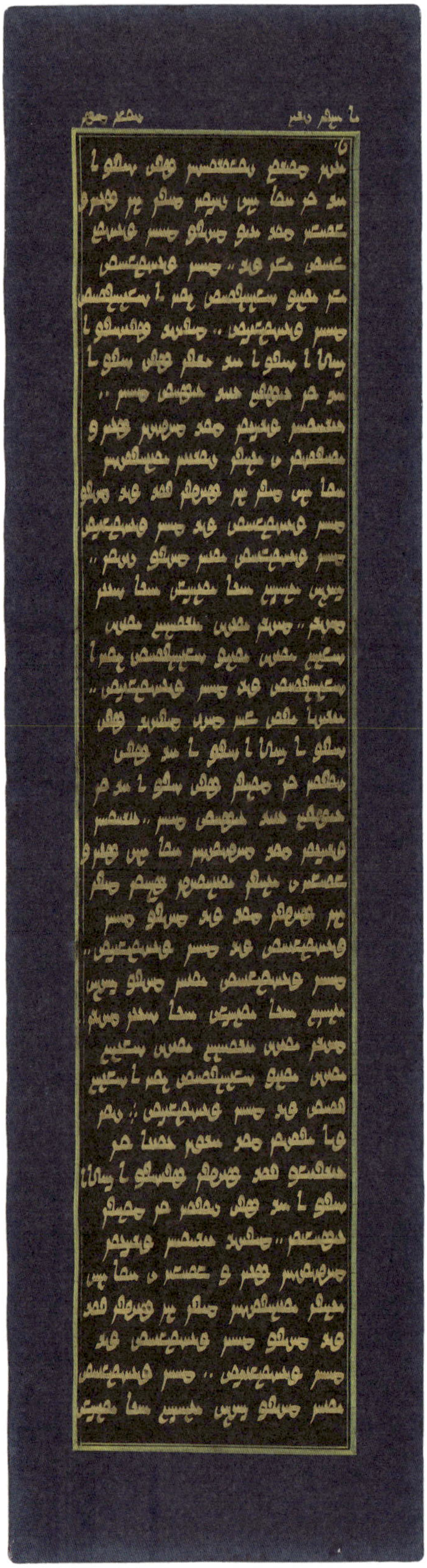

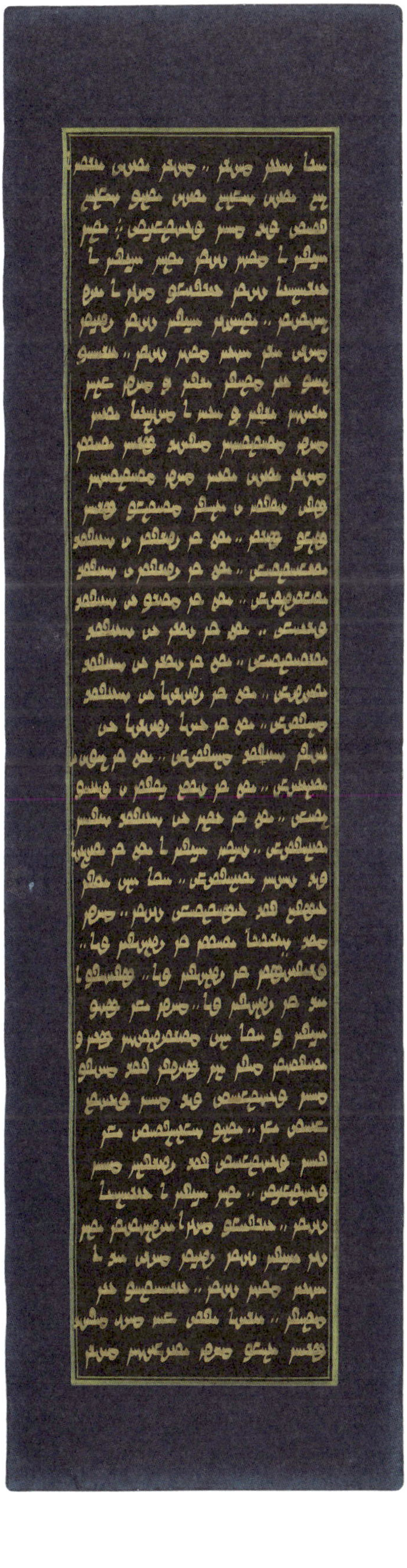

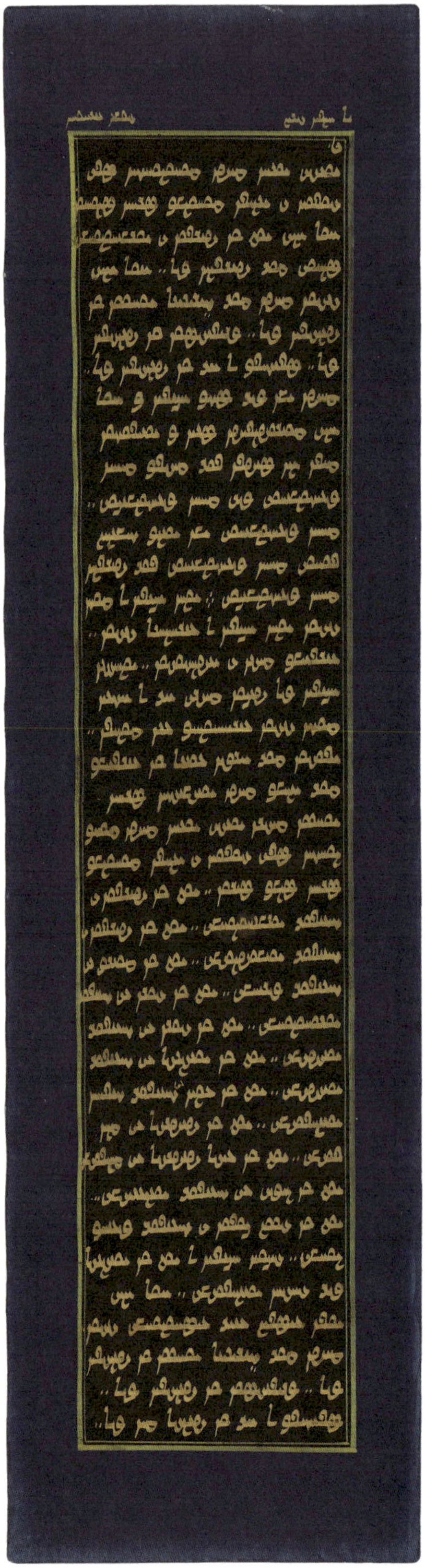

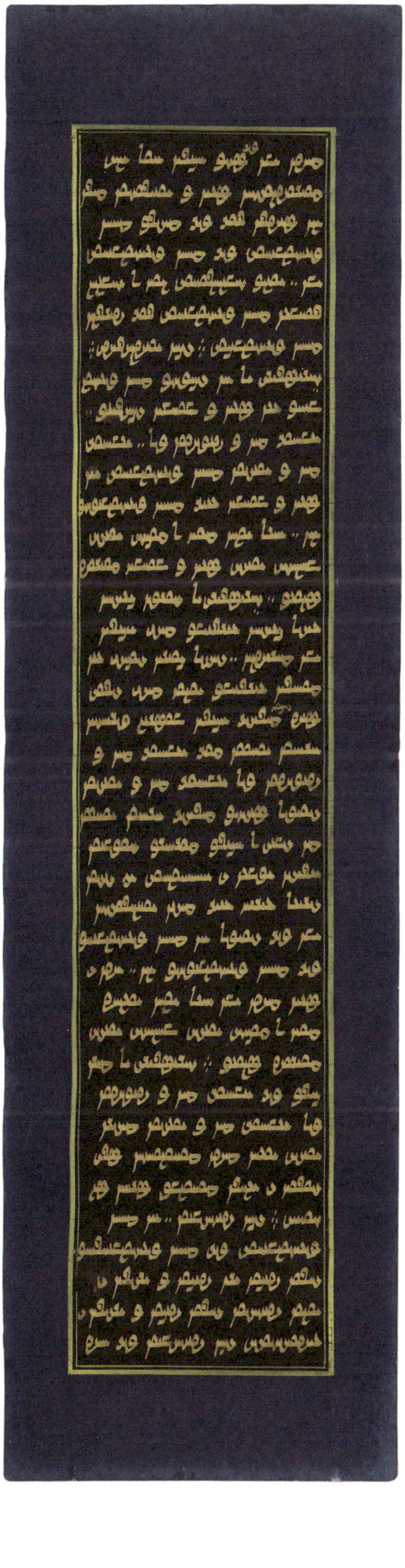

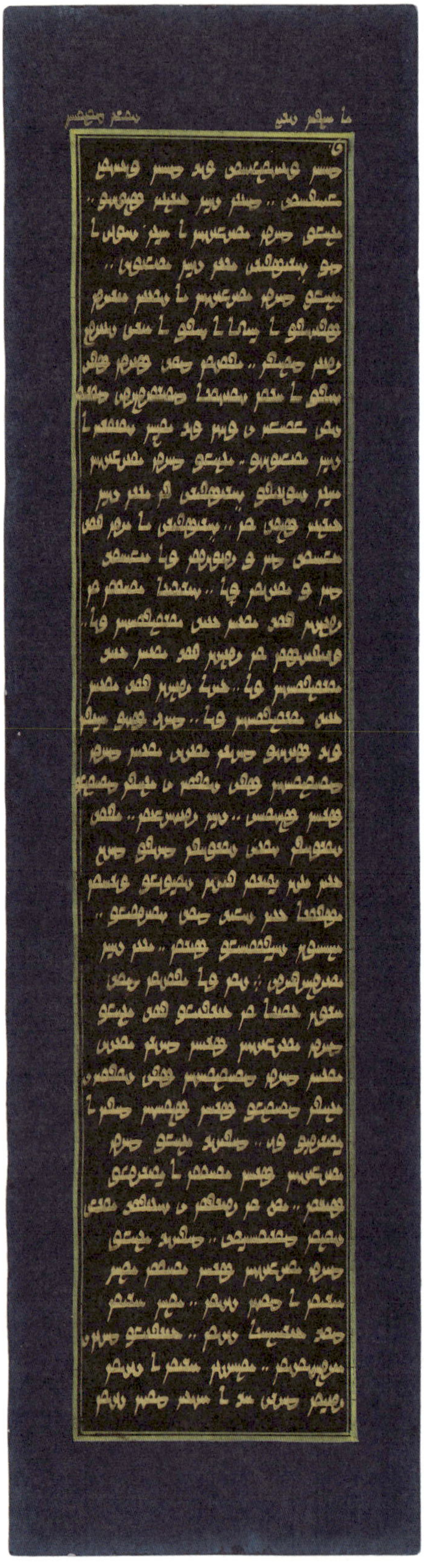

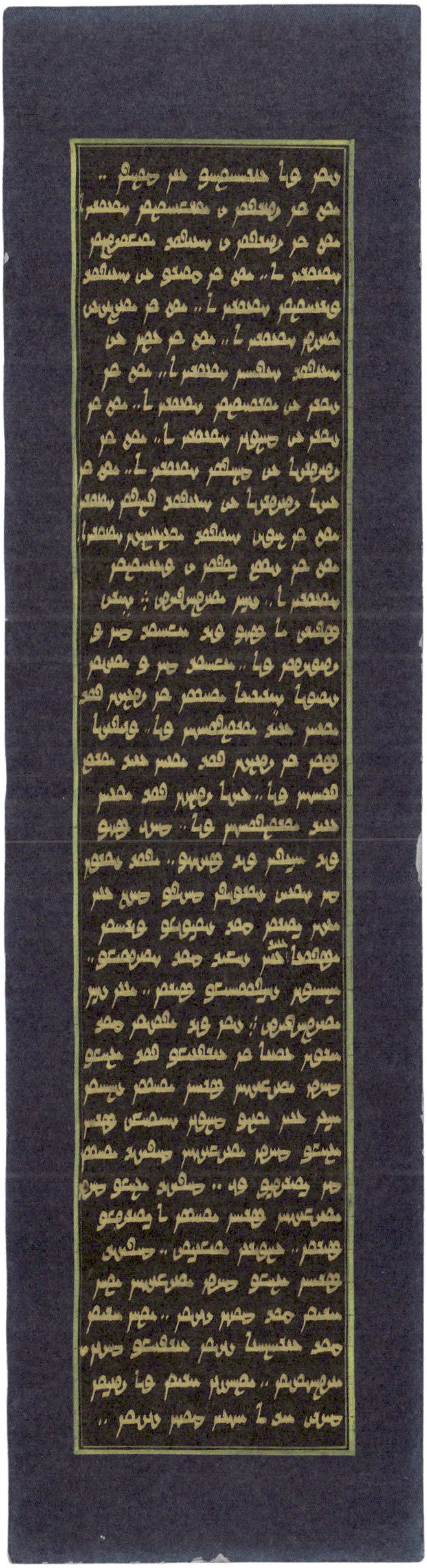

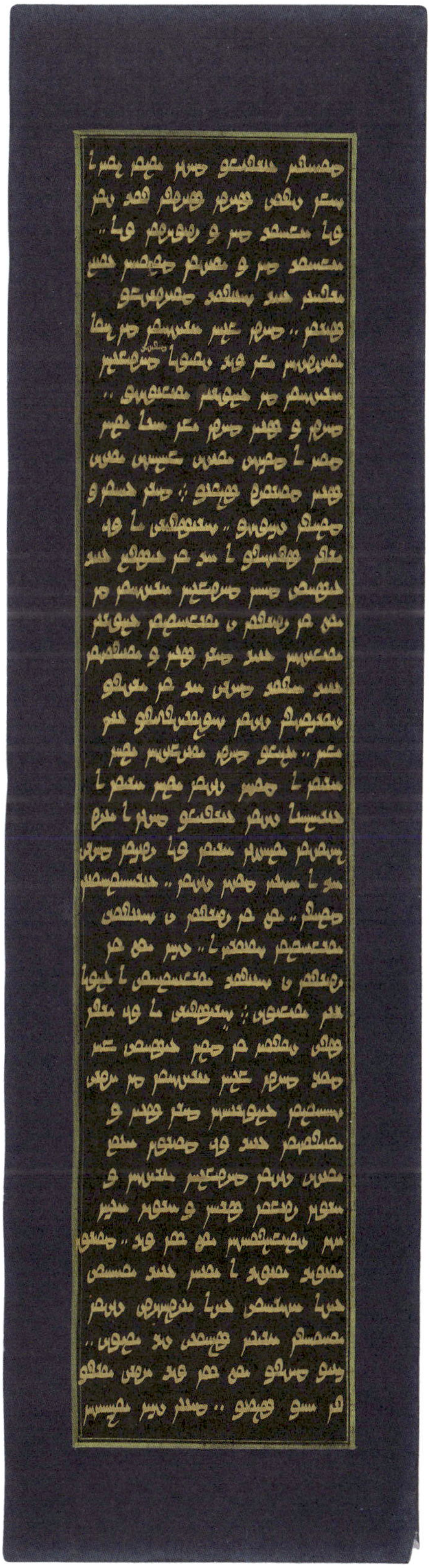

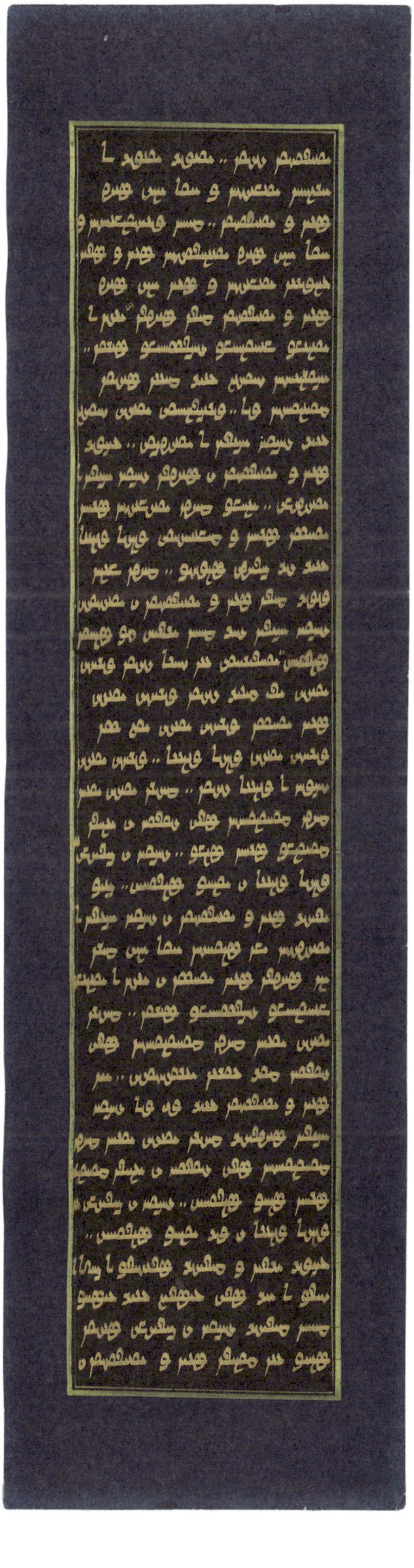

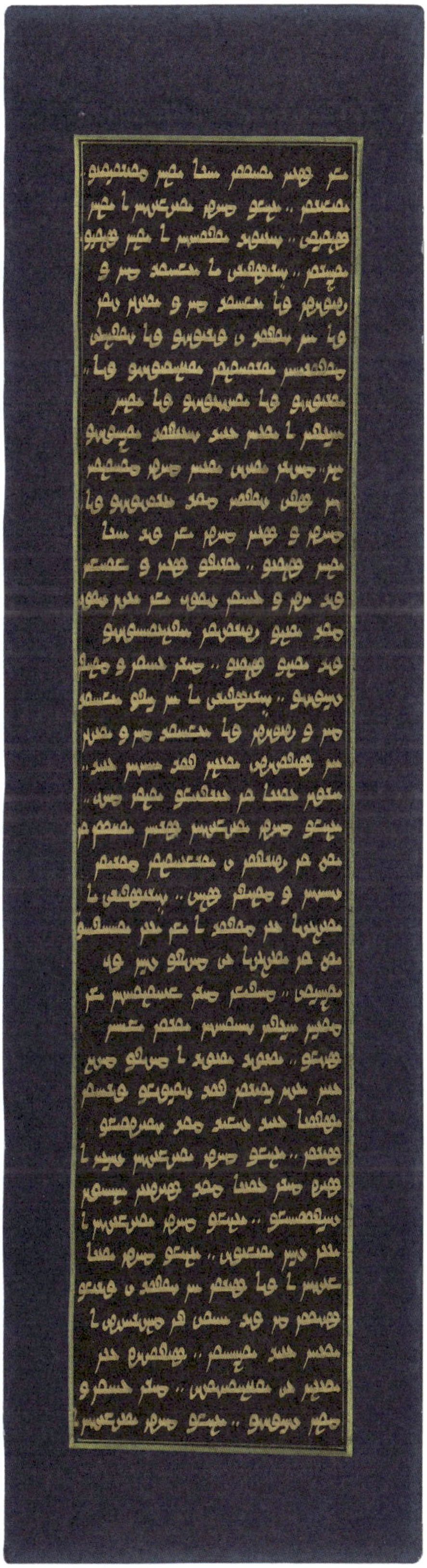

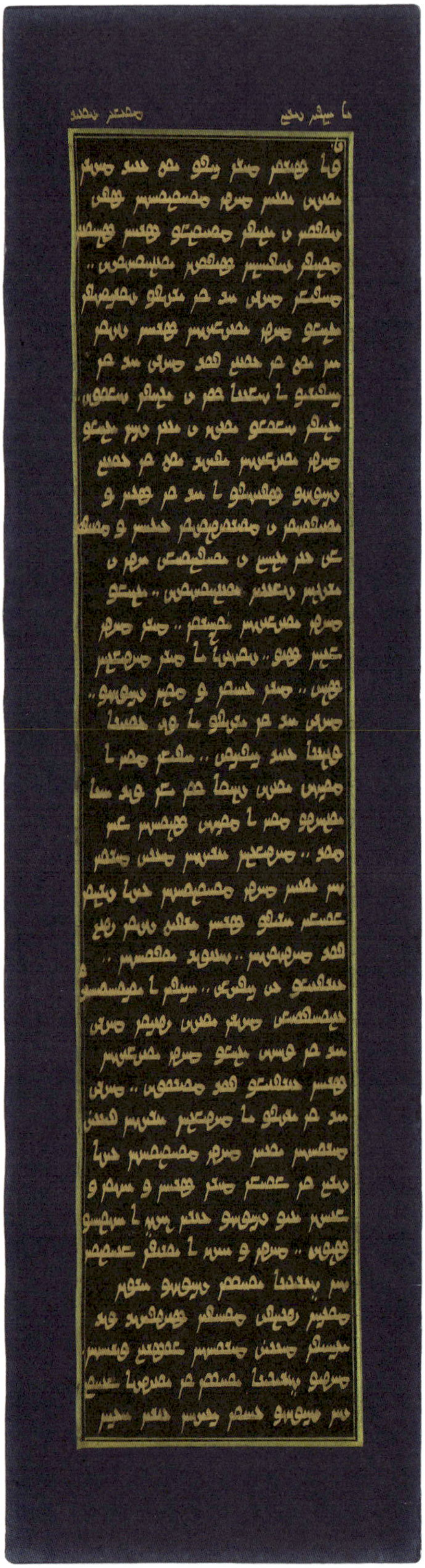

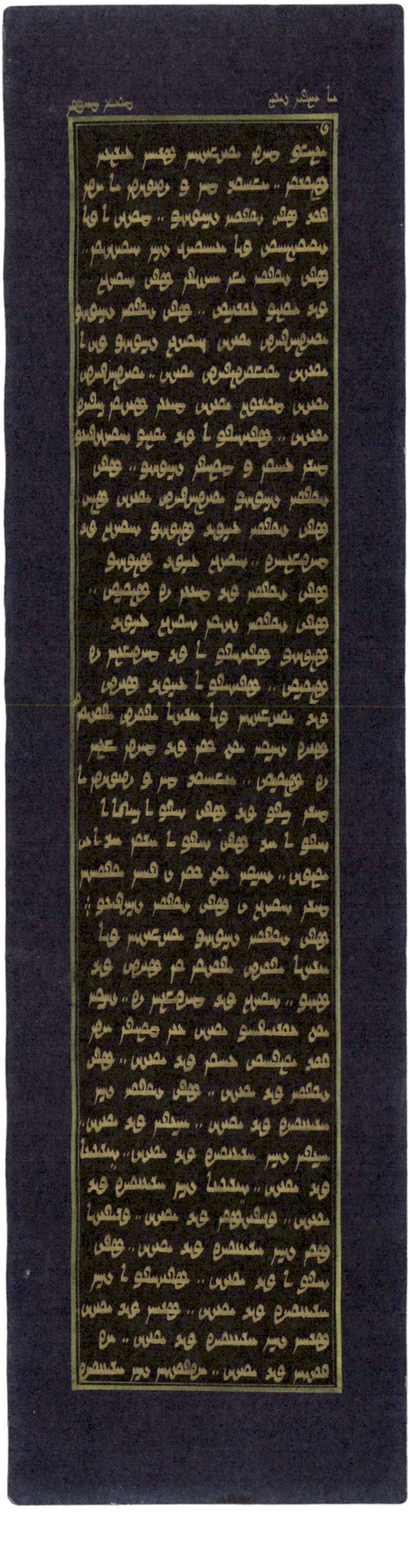

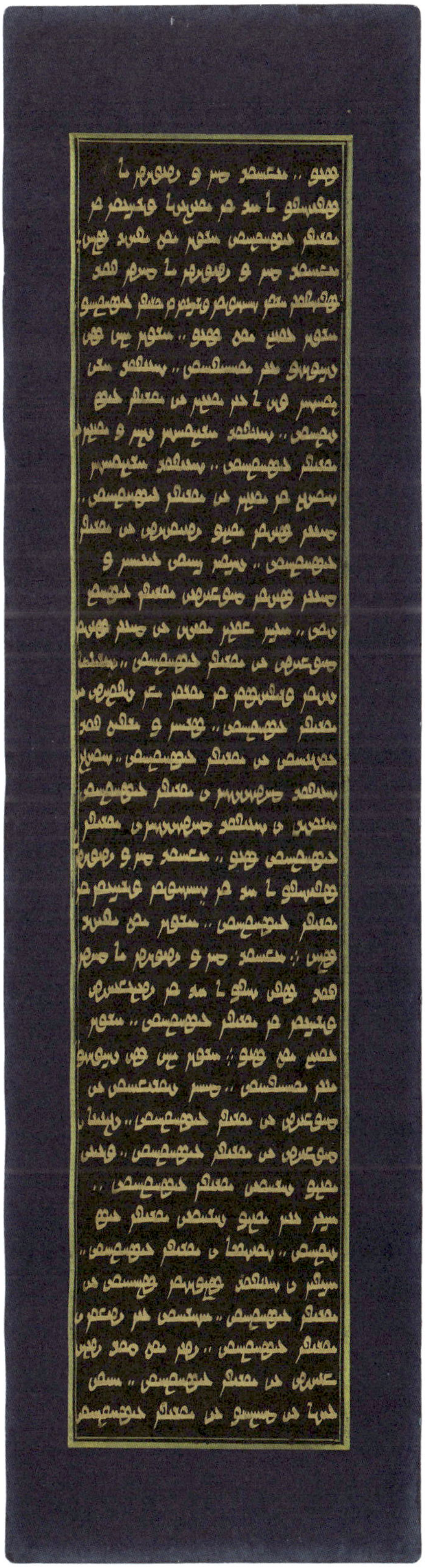

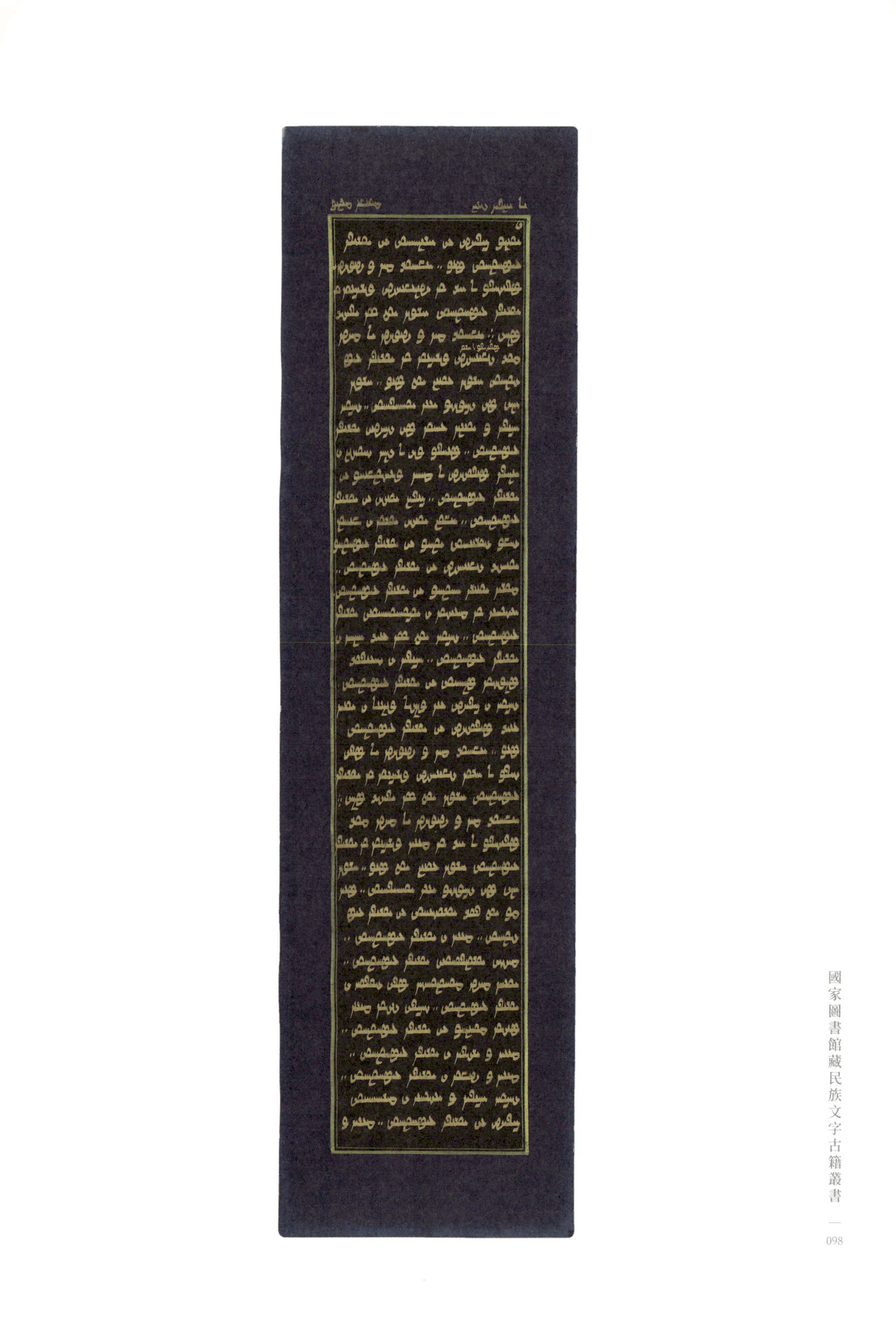

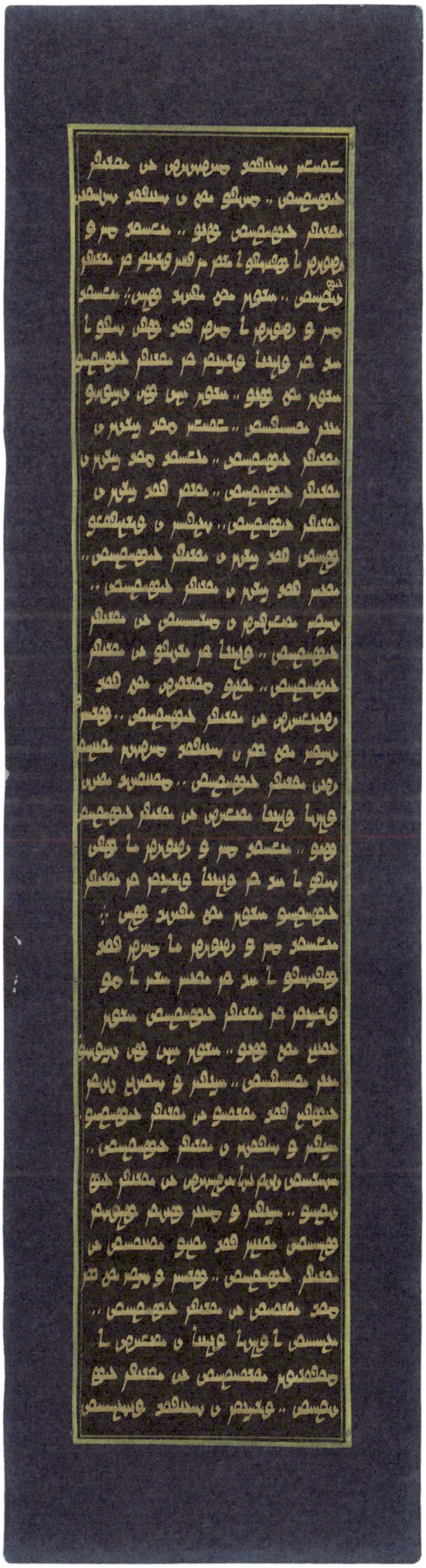

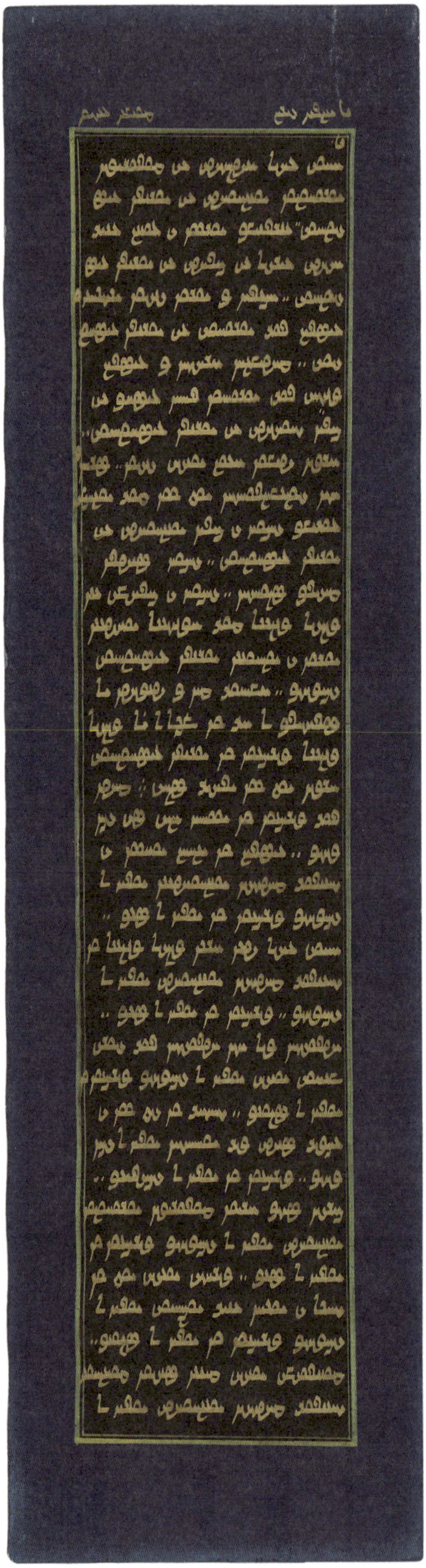

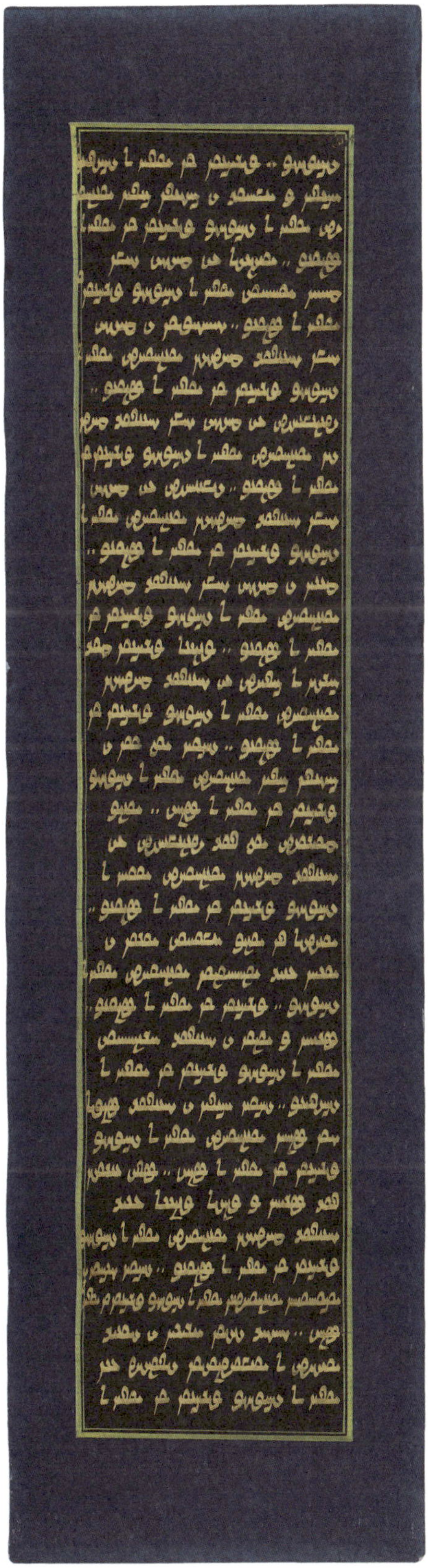

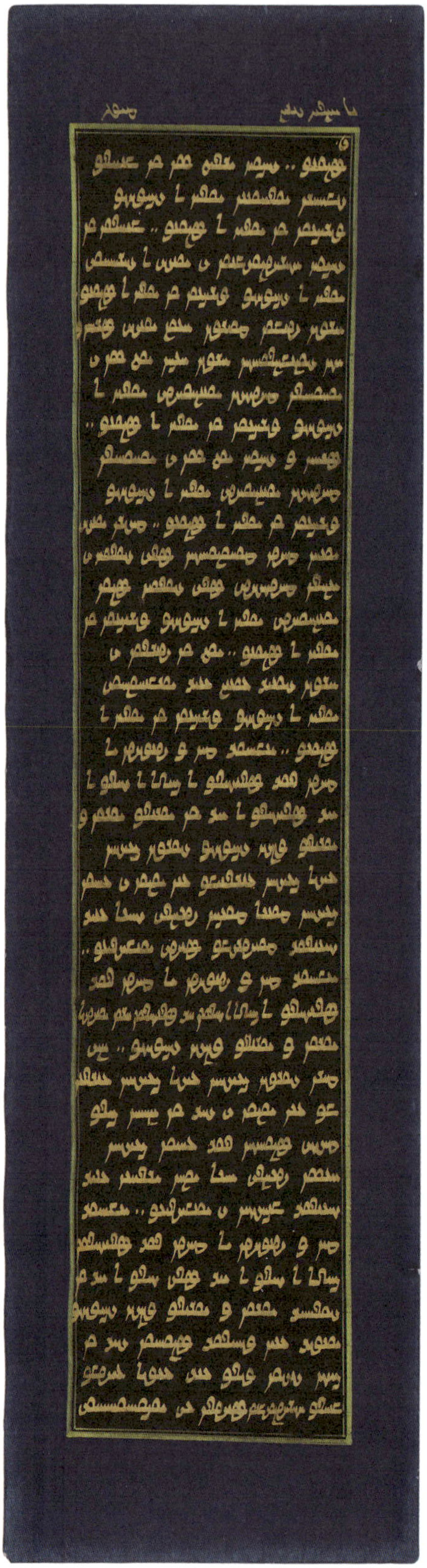

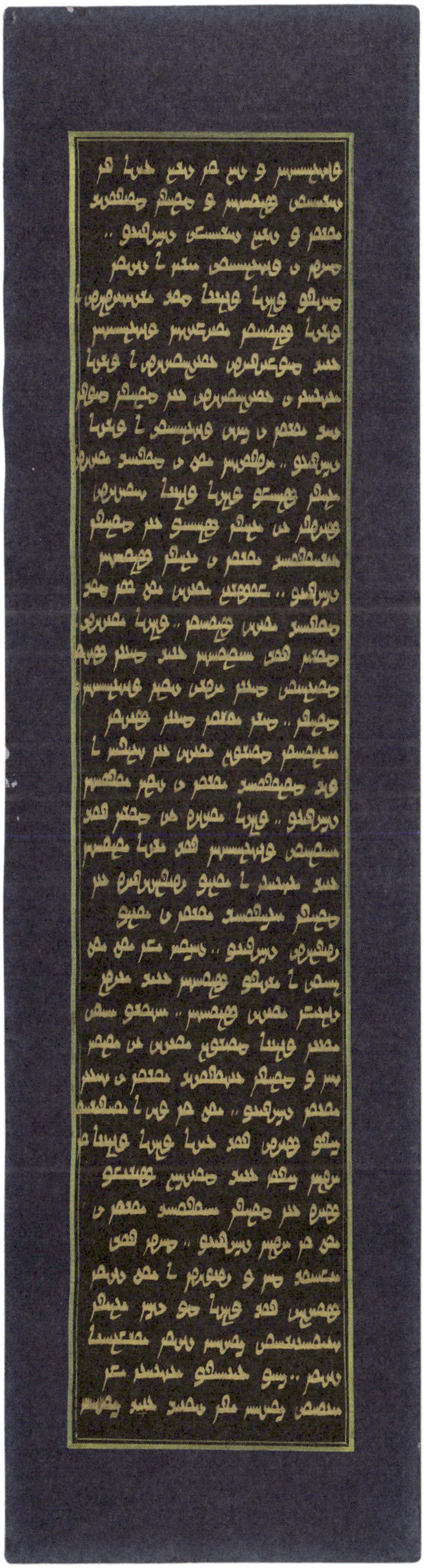

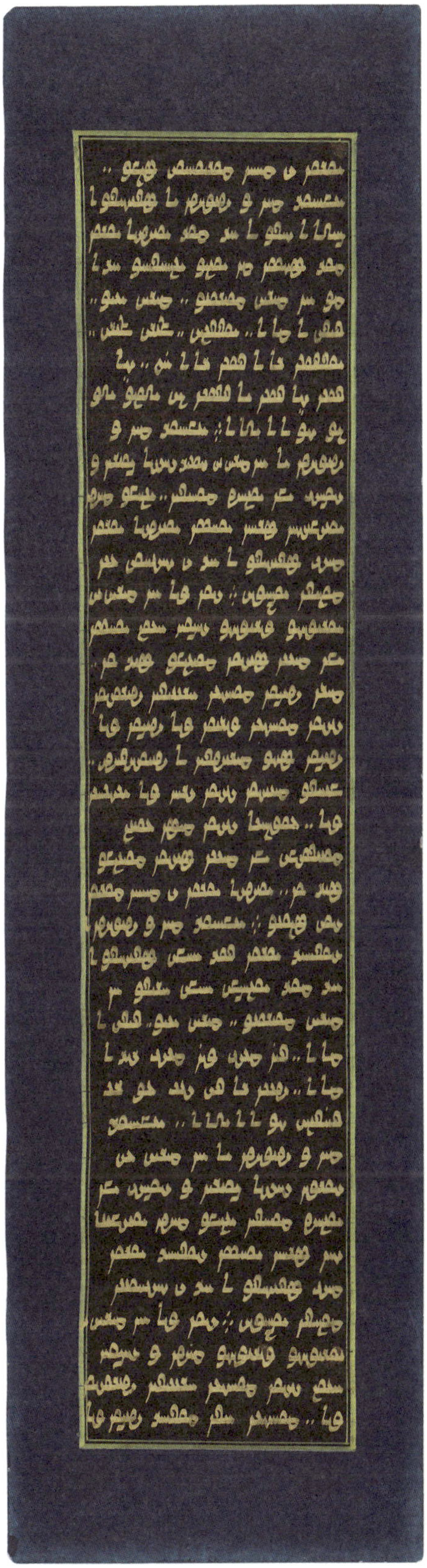

近代蒙古文　金光明最勝王經

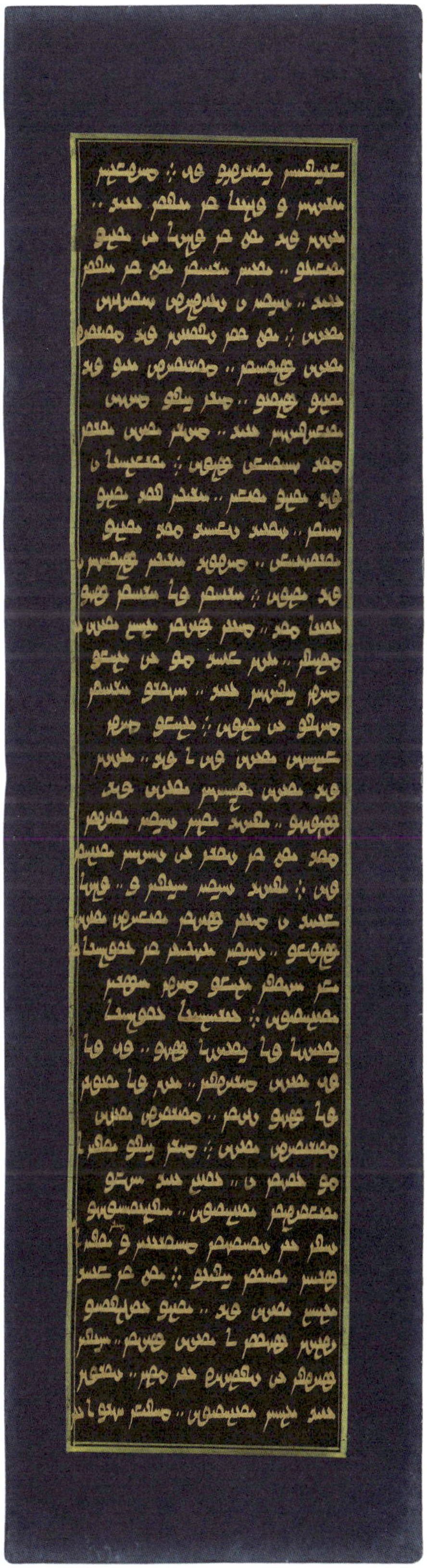

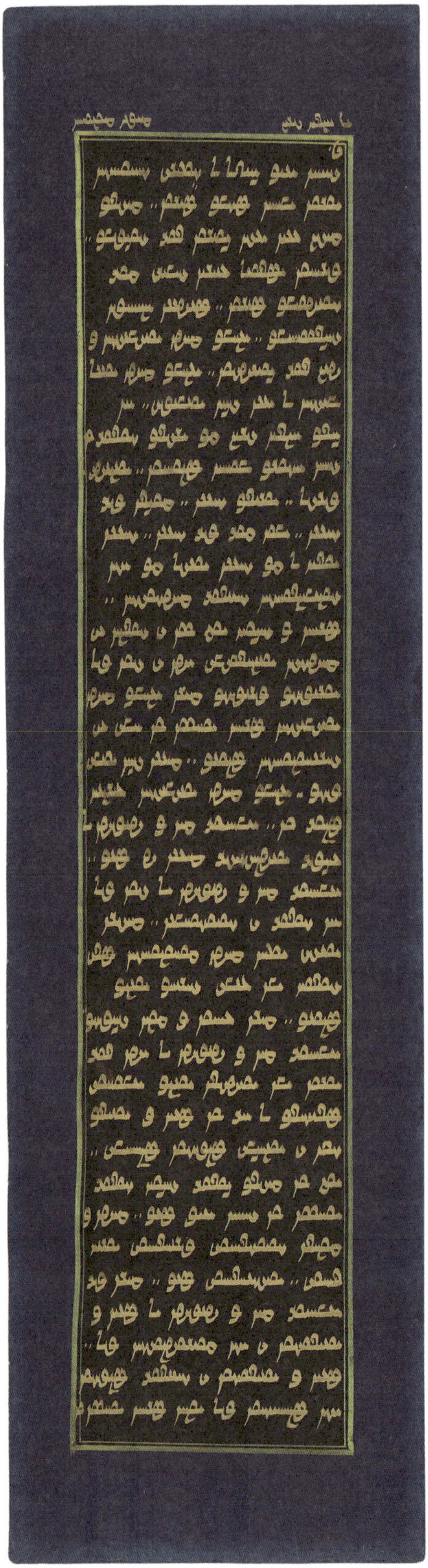

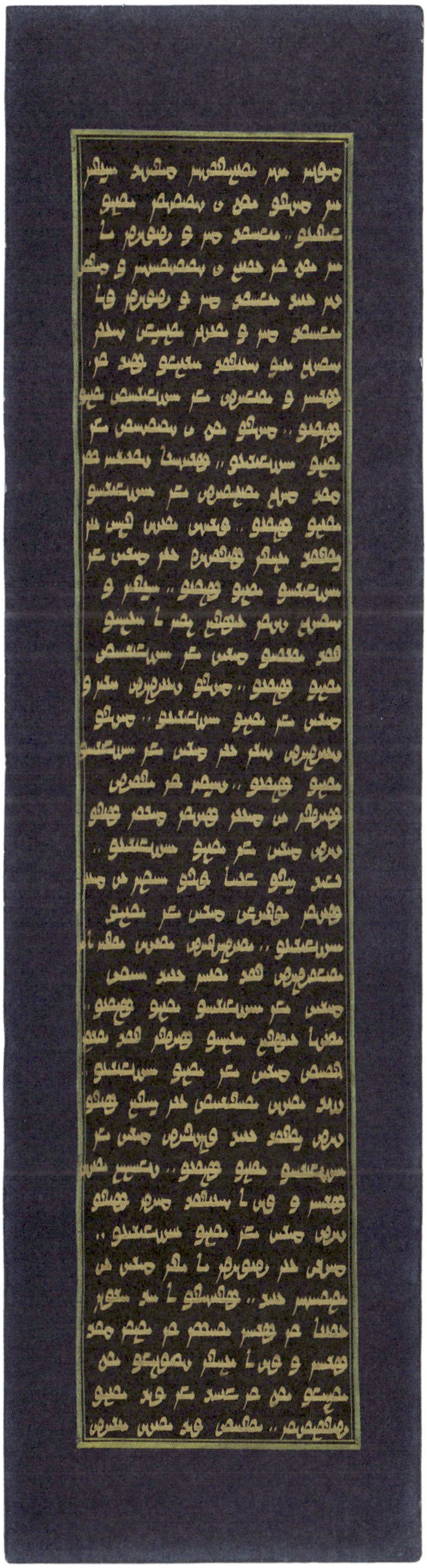

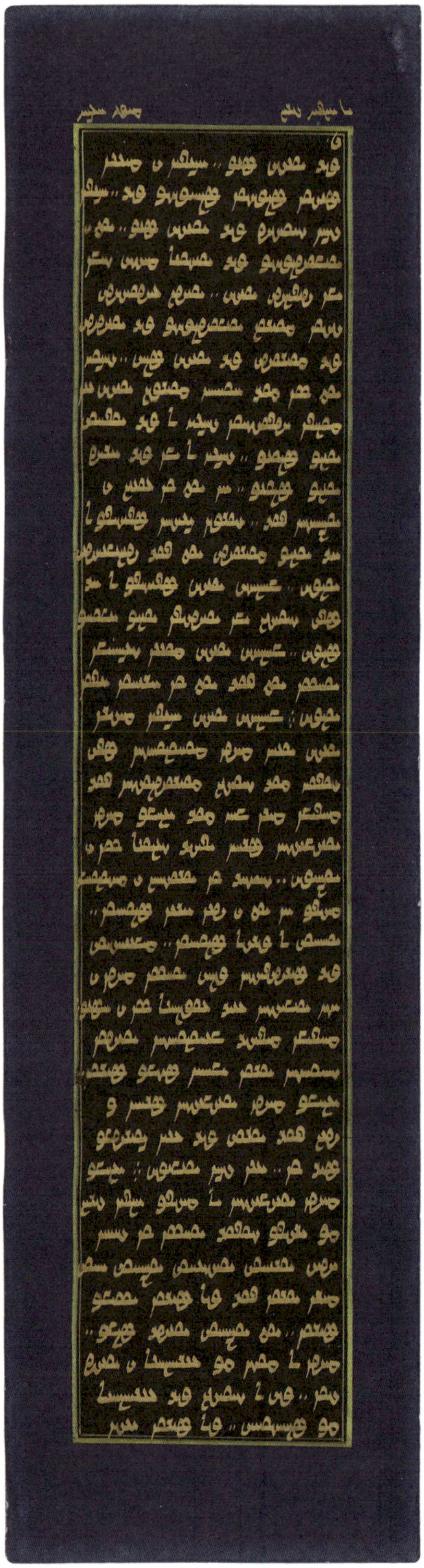

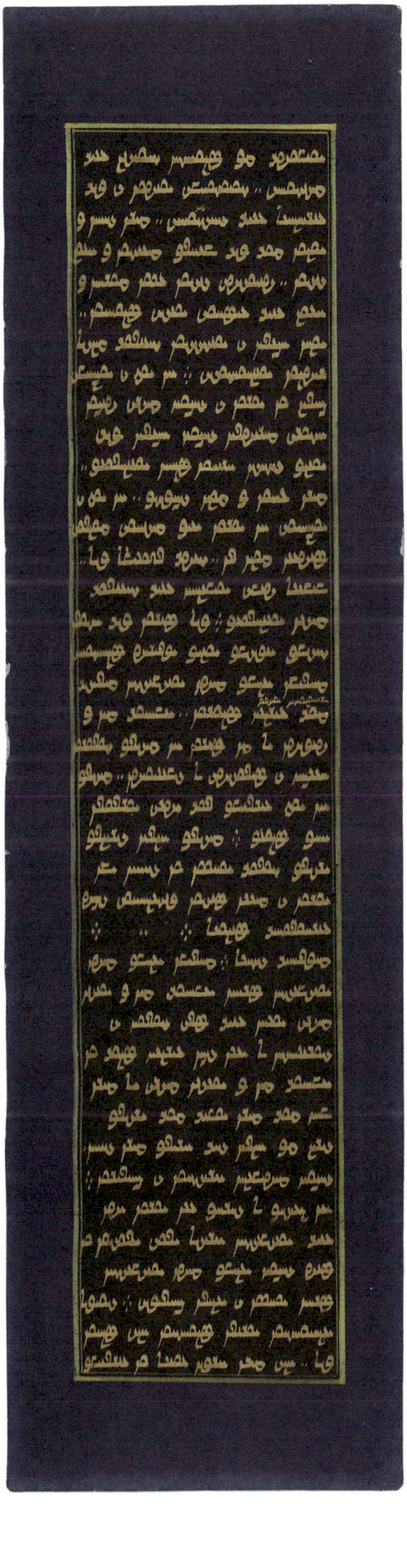

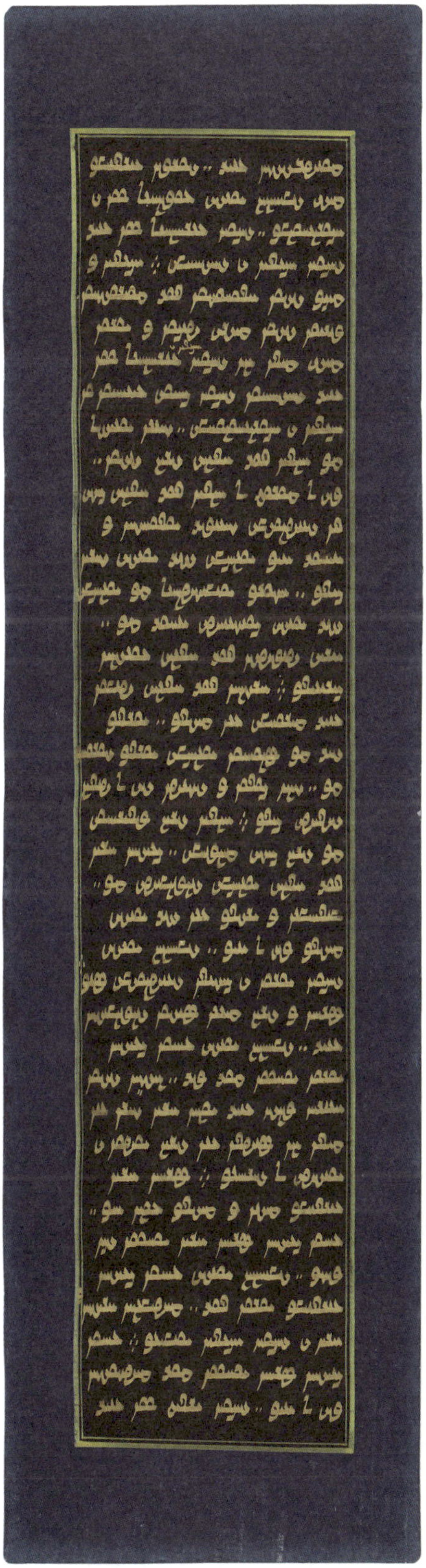

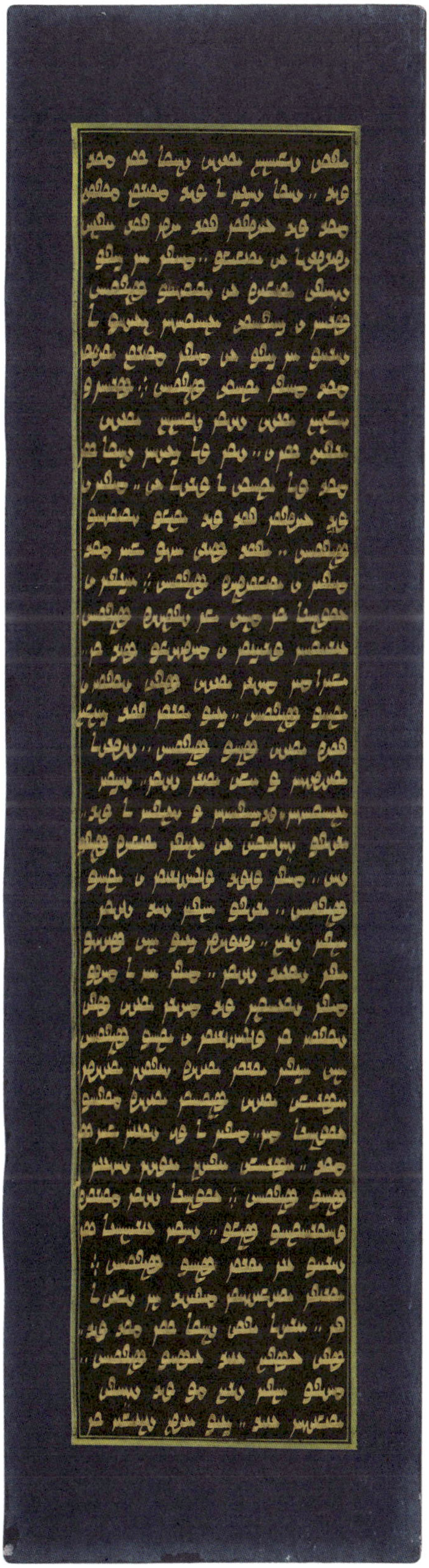

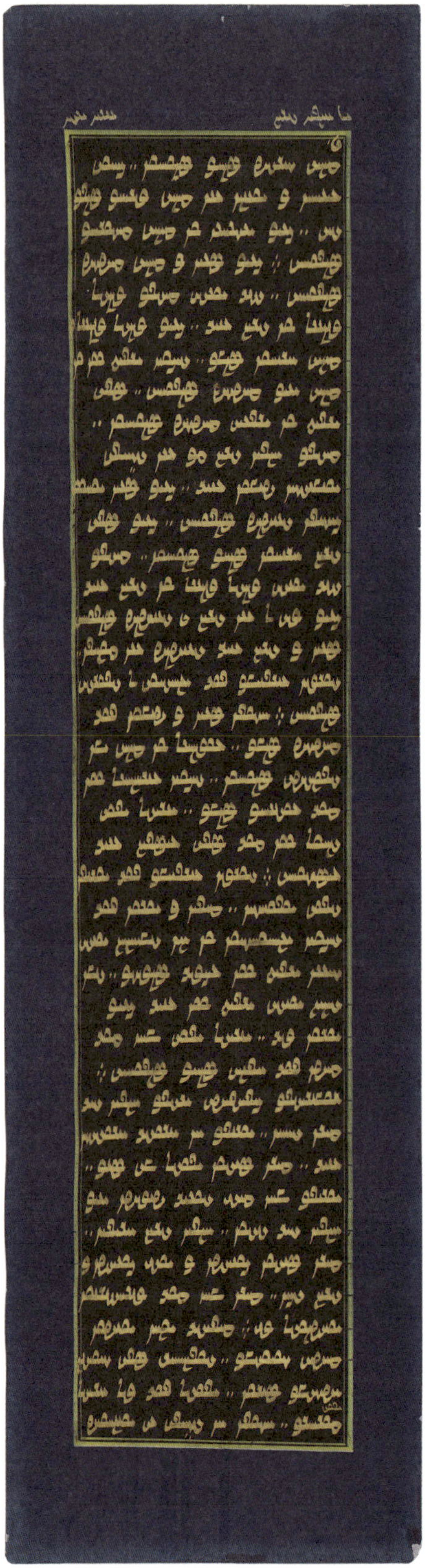

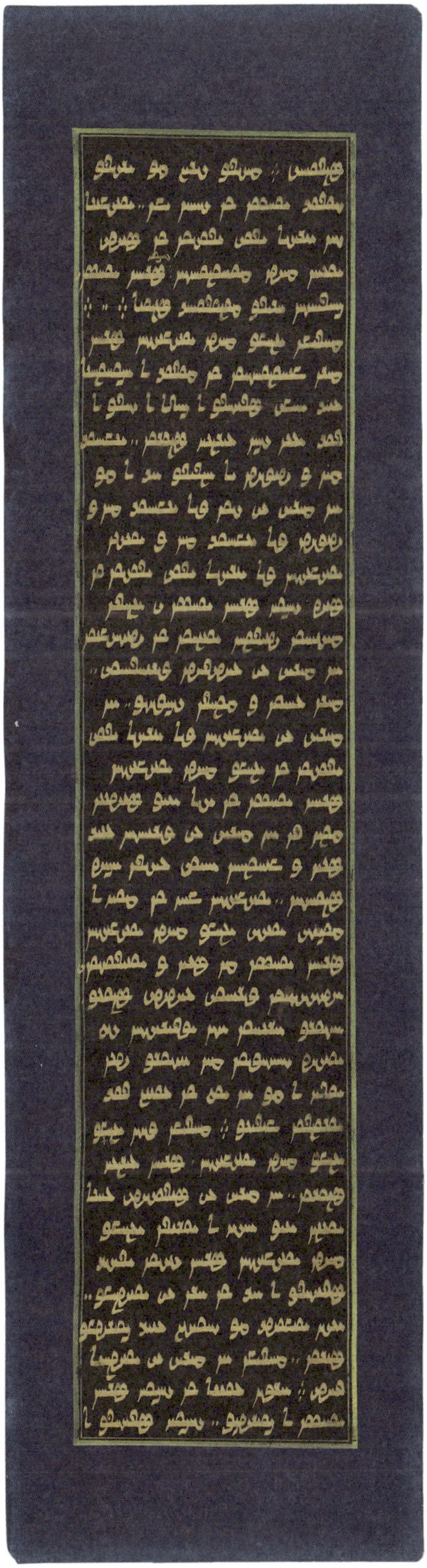

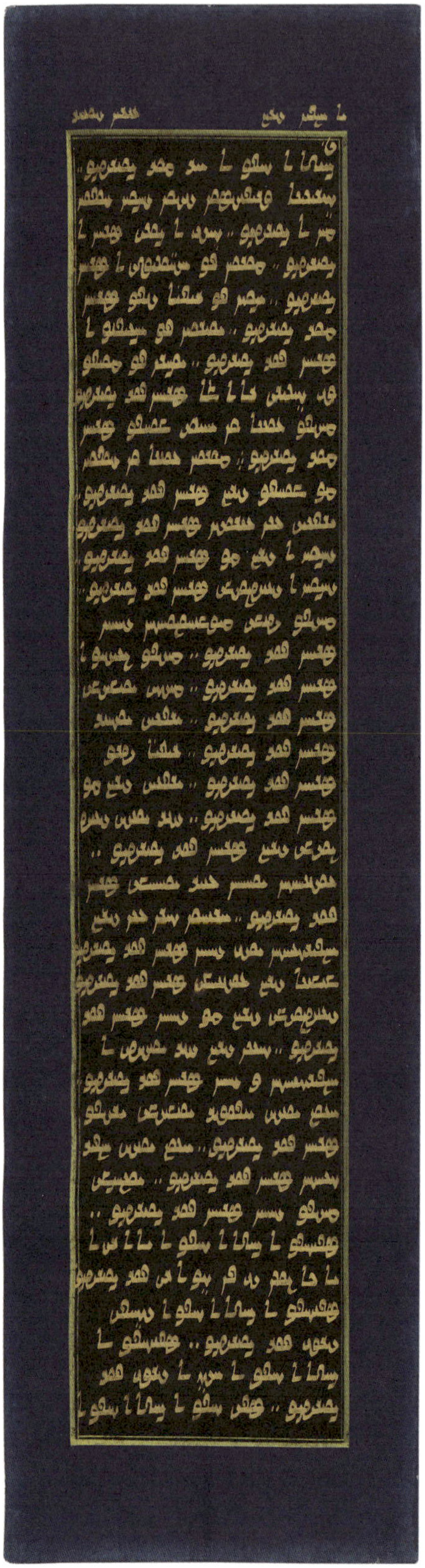

近代蒙古文　金光明最勝王經

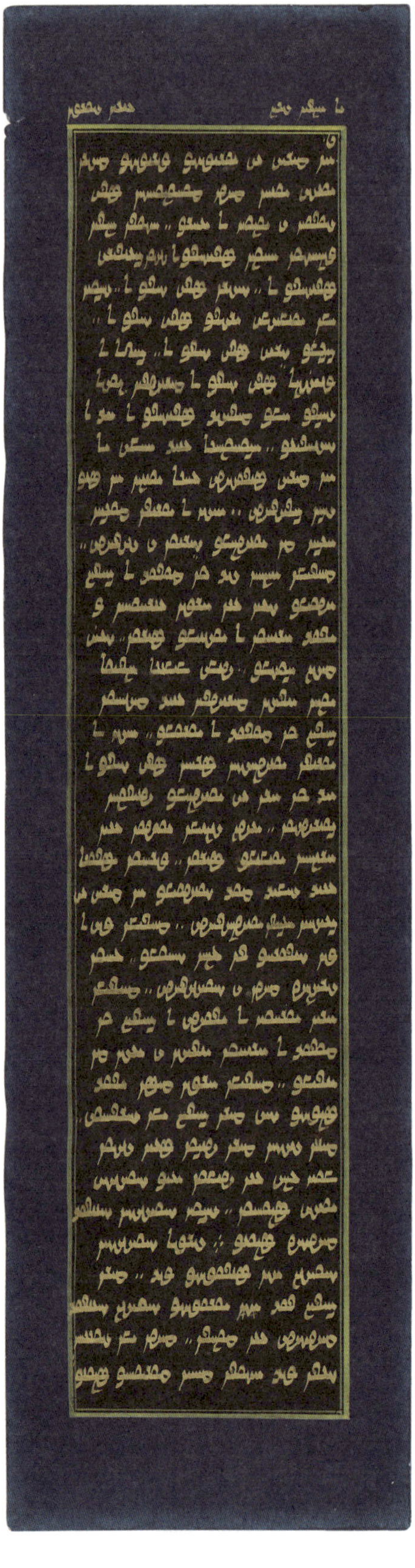

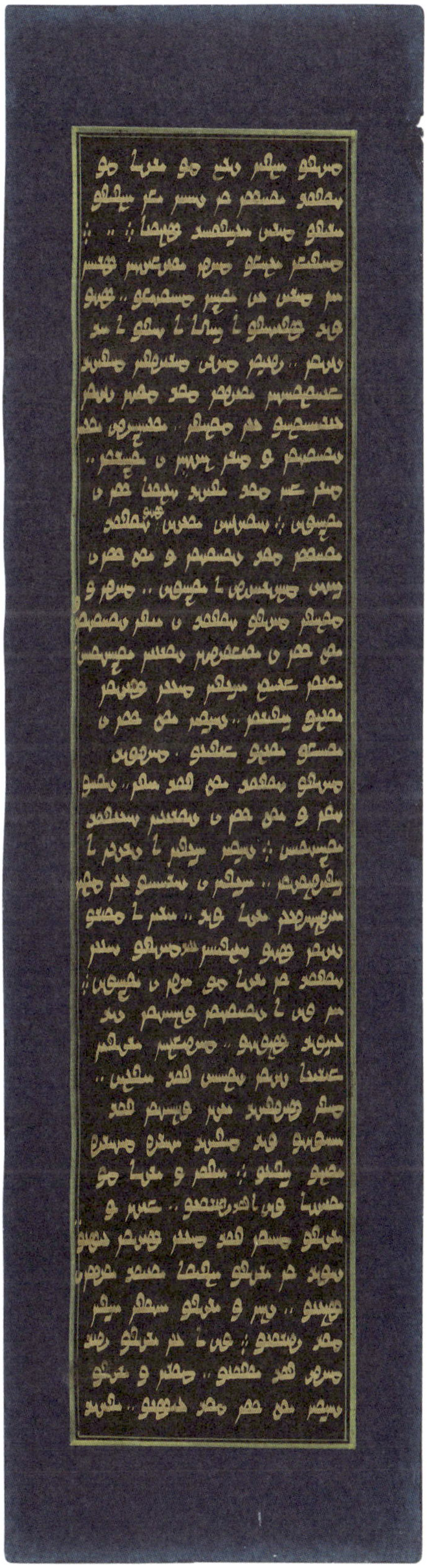

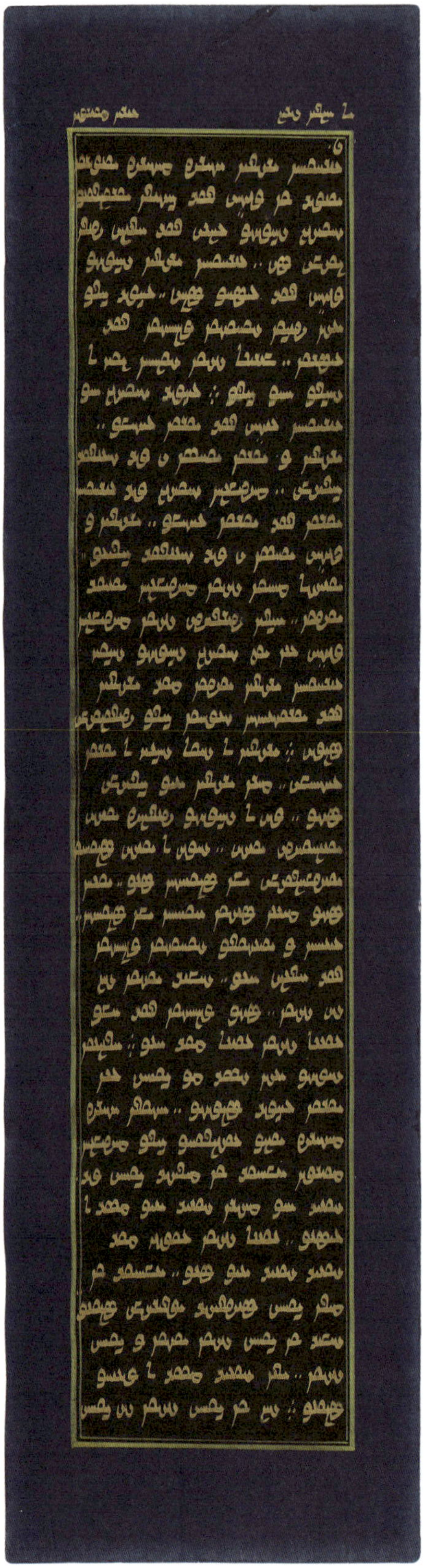

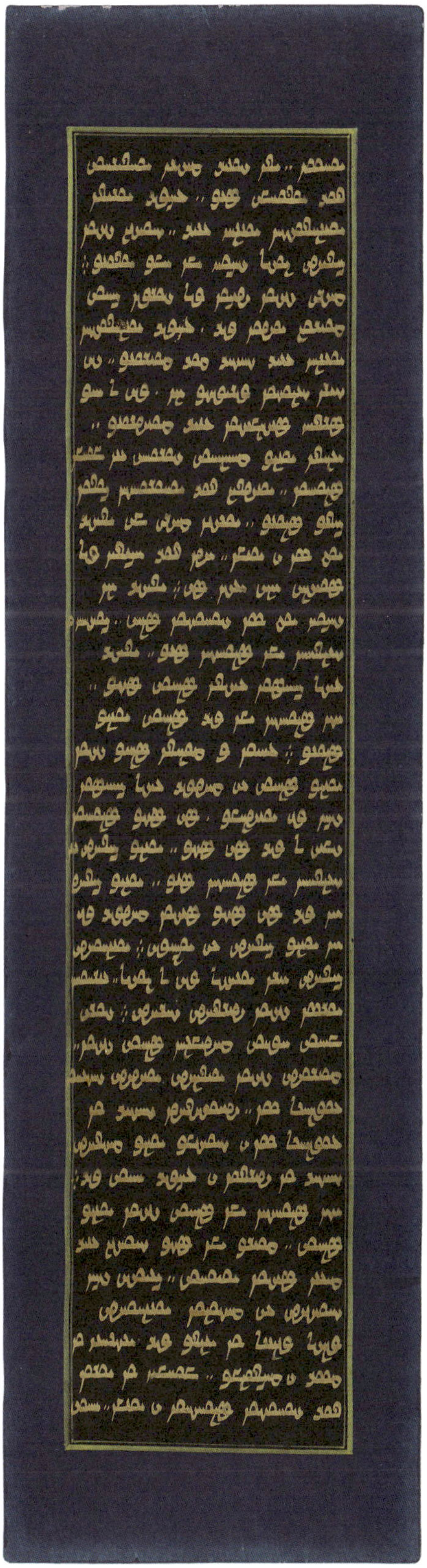

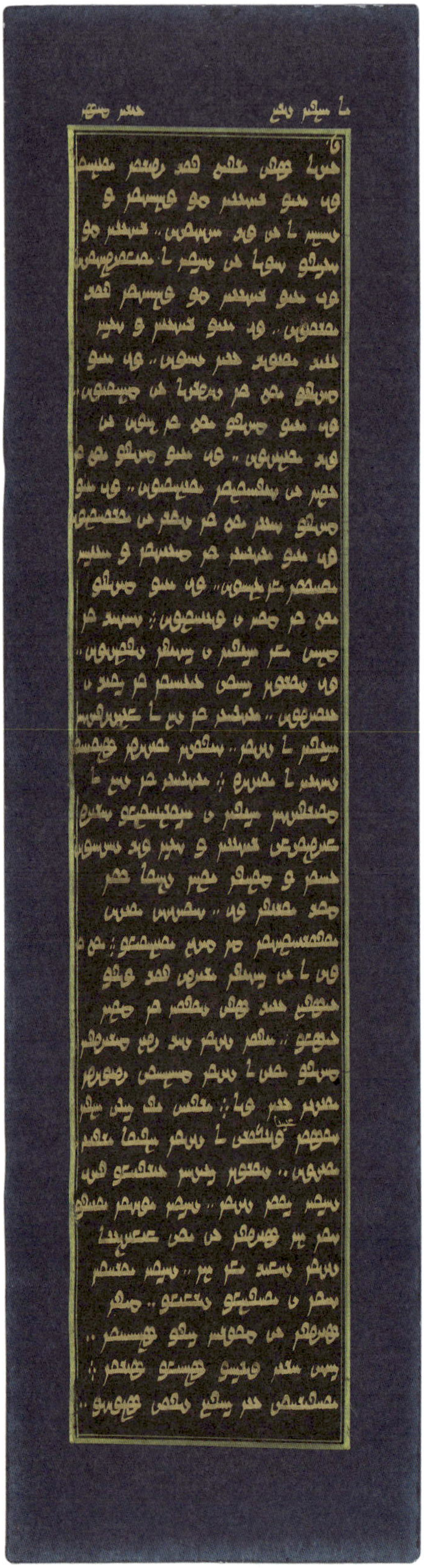

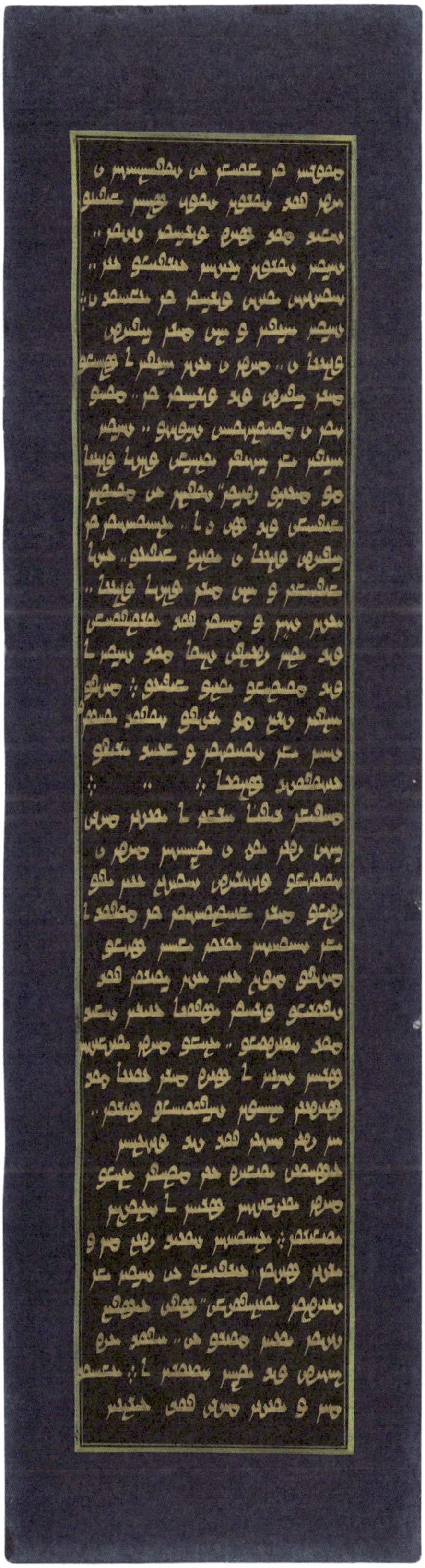

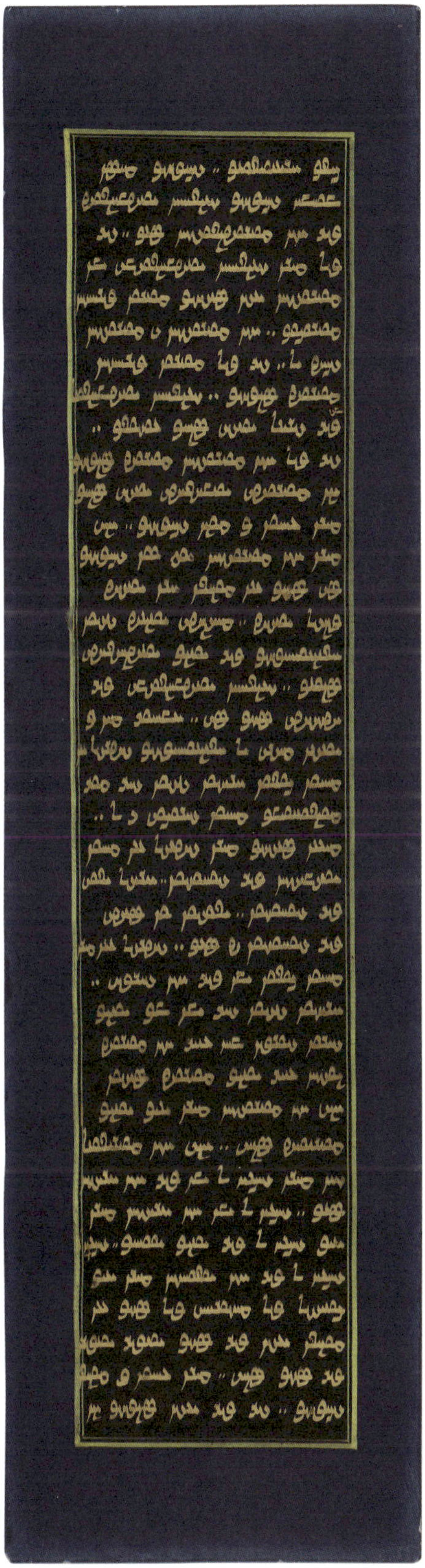

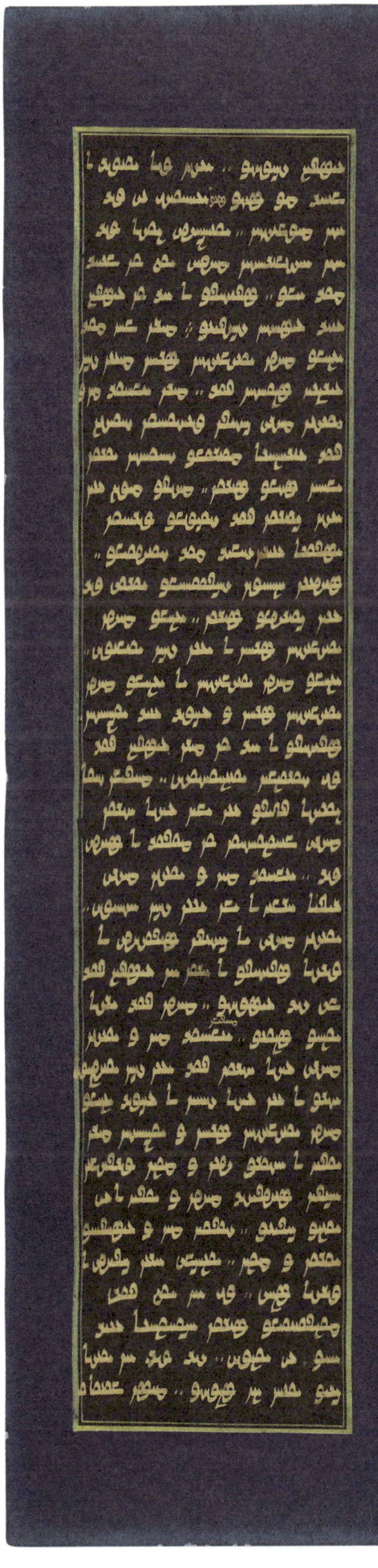

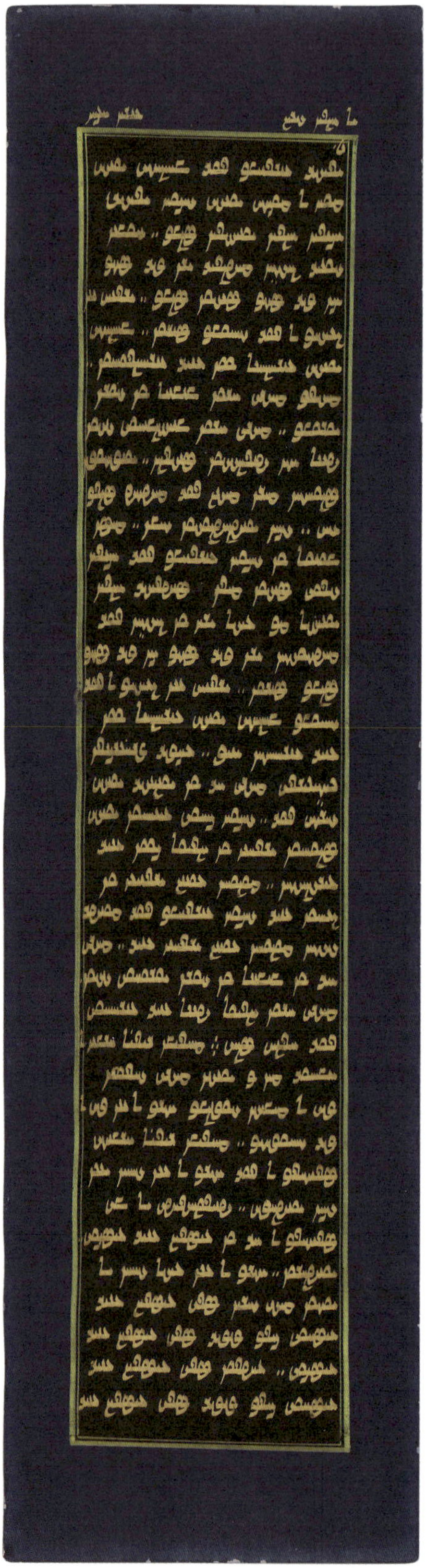

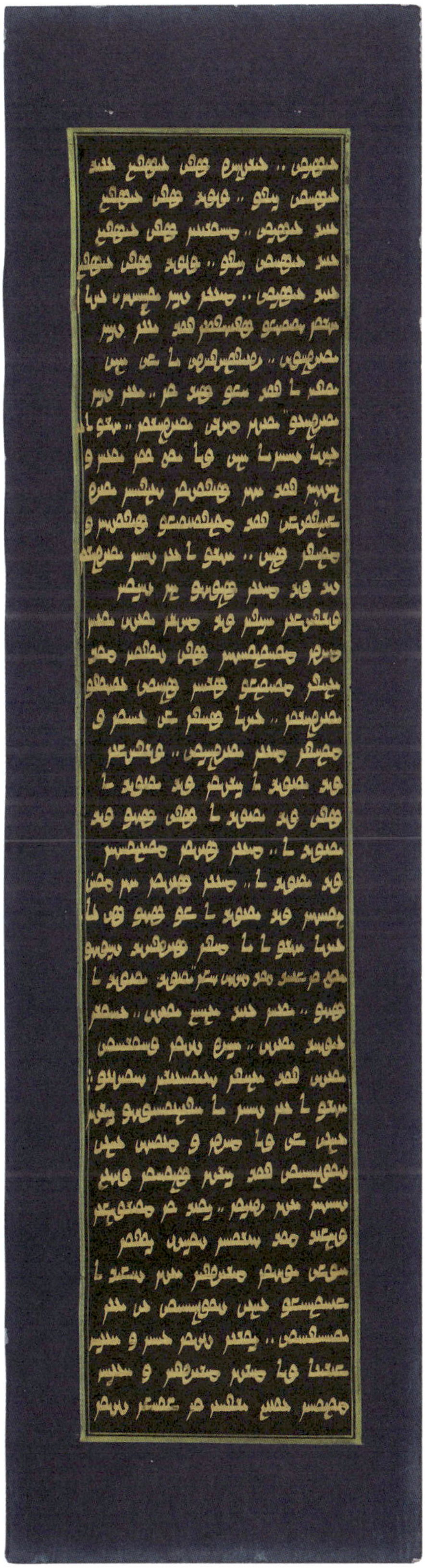

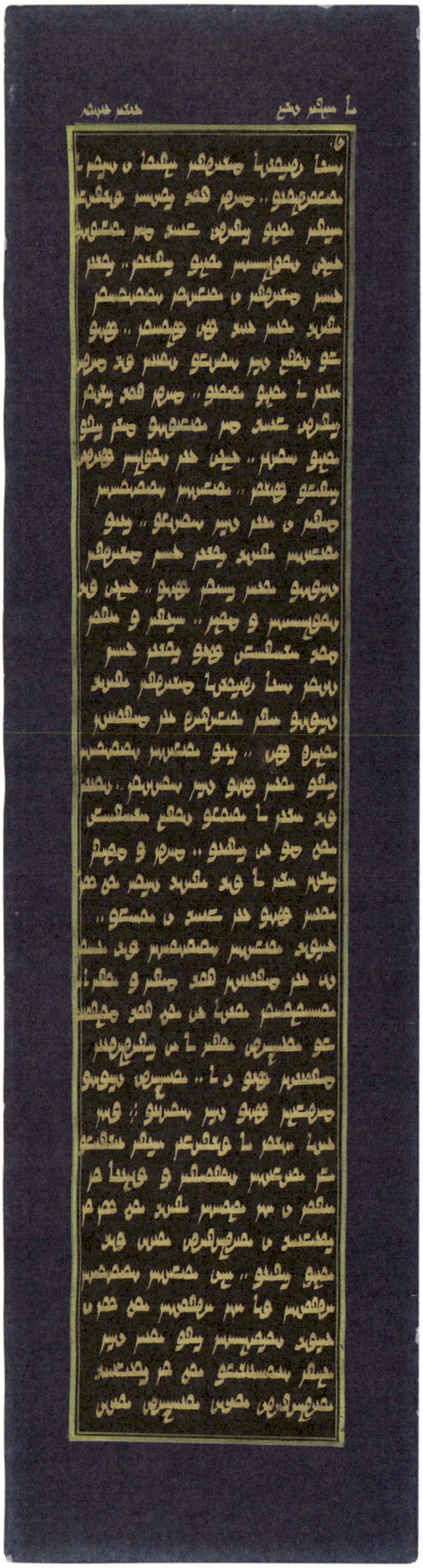

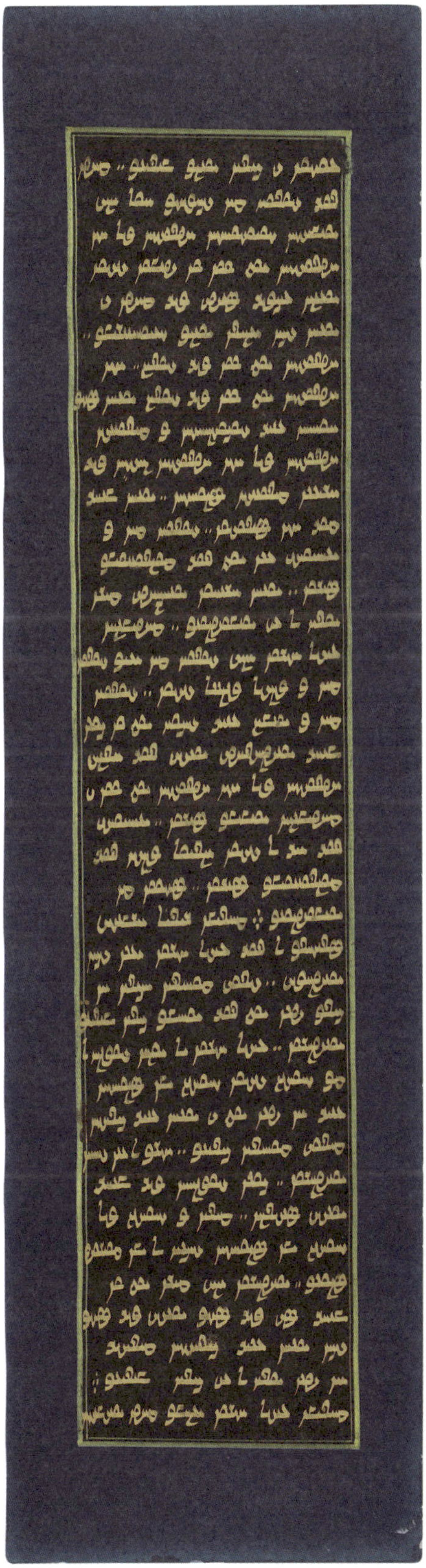

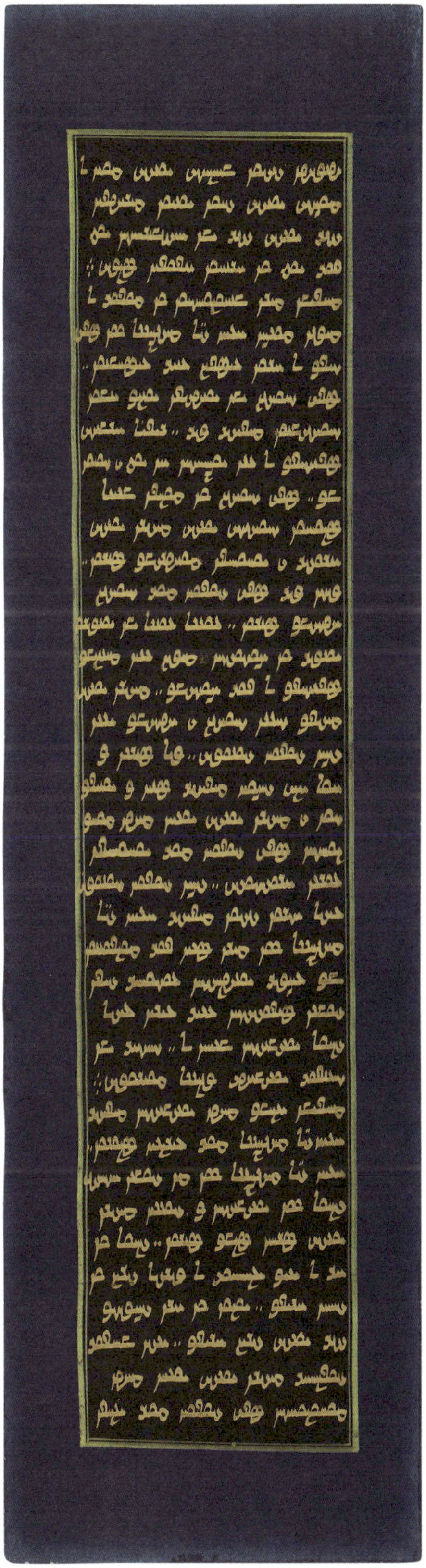

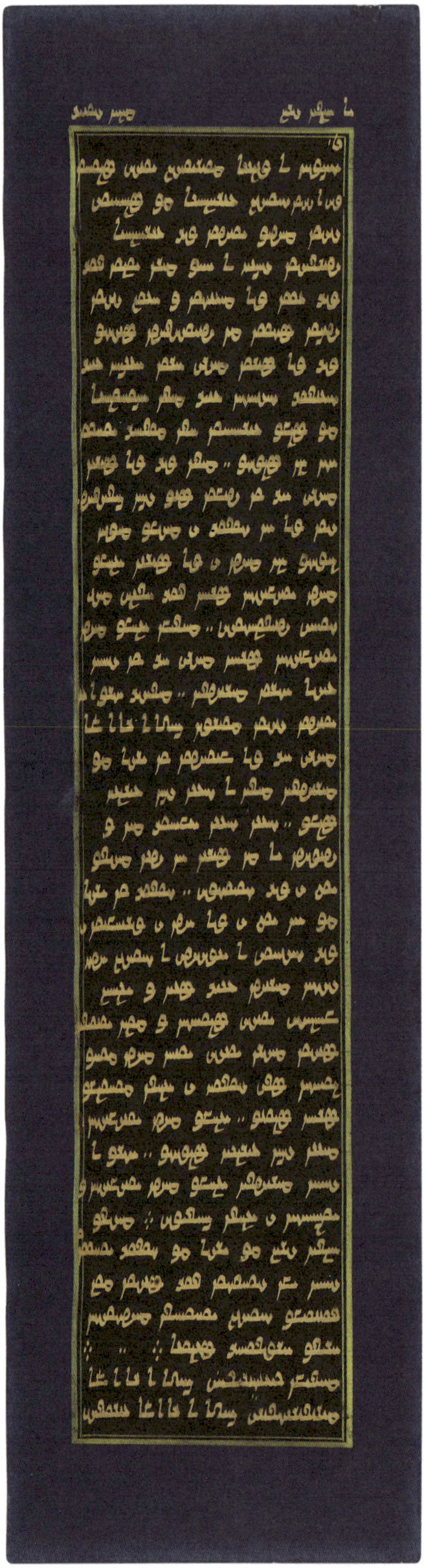

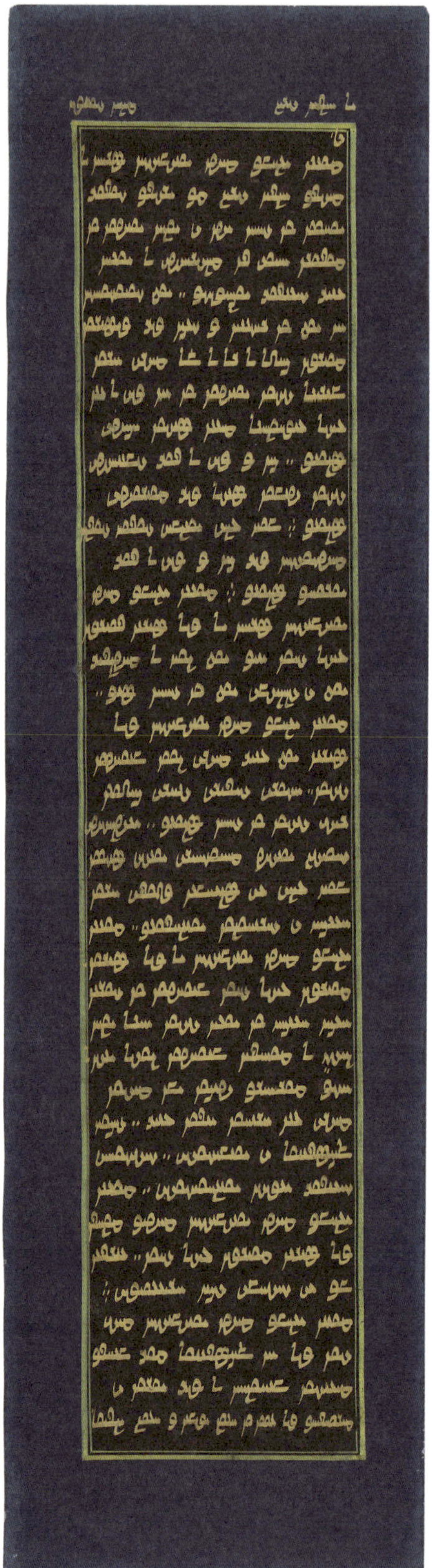

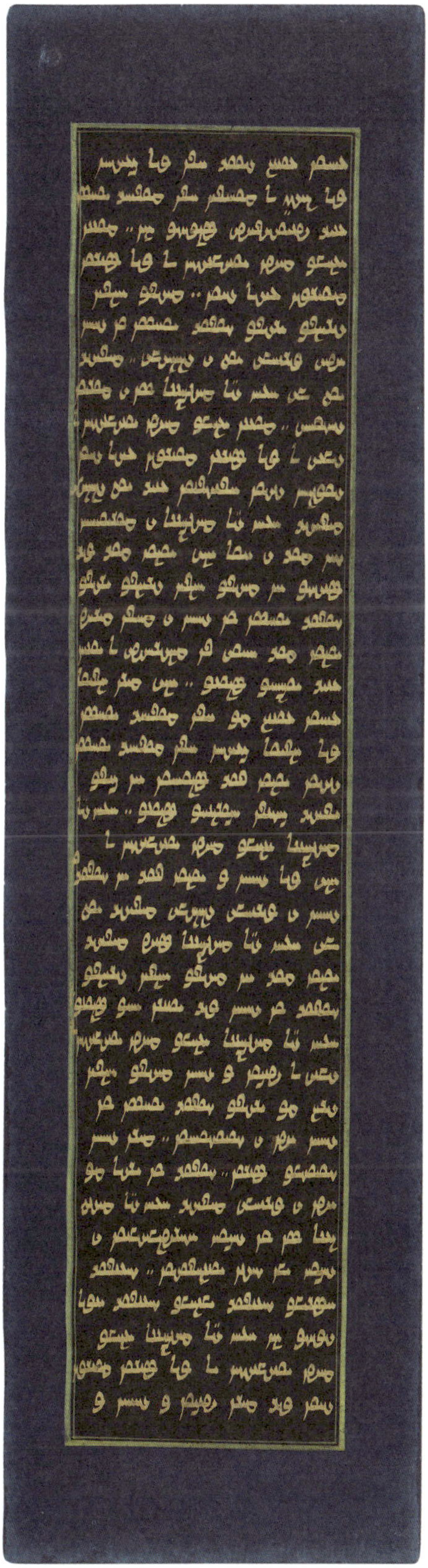

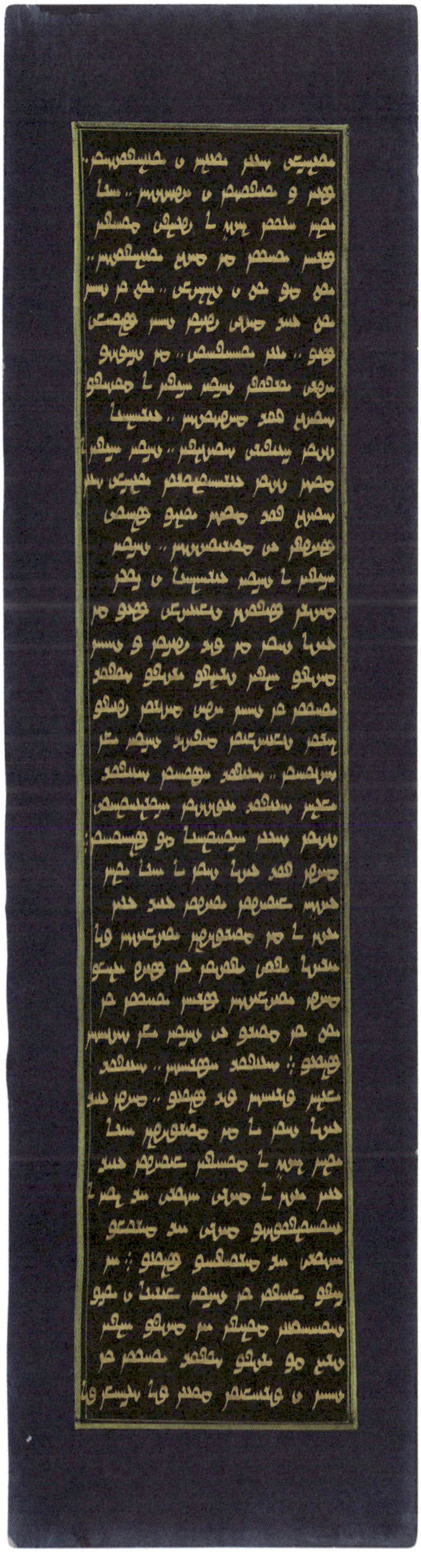

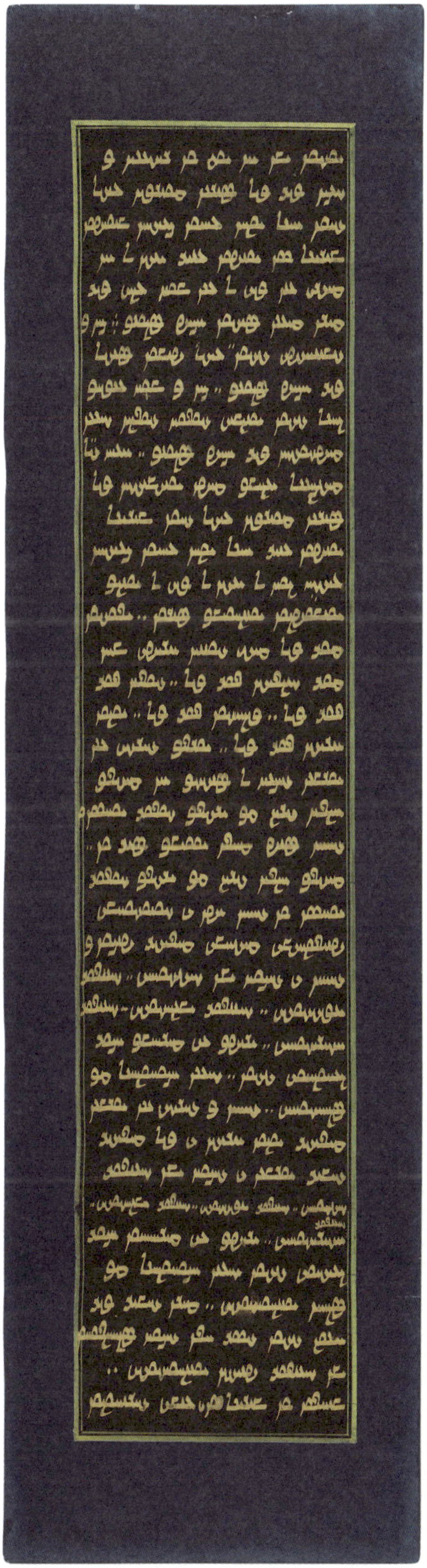

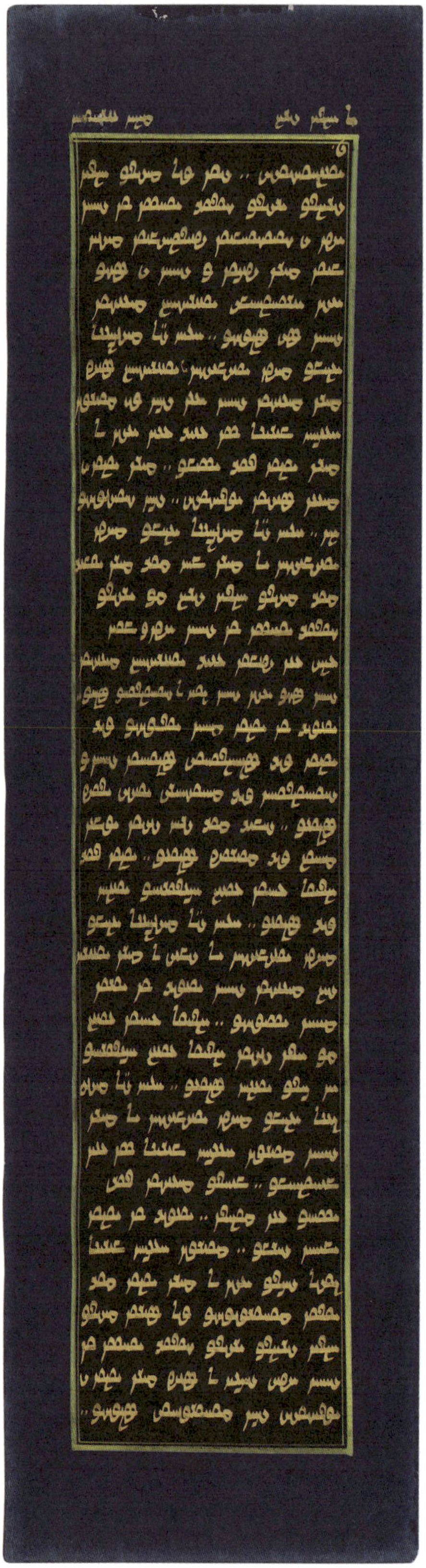

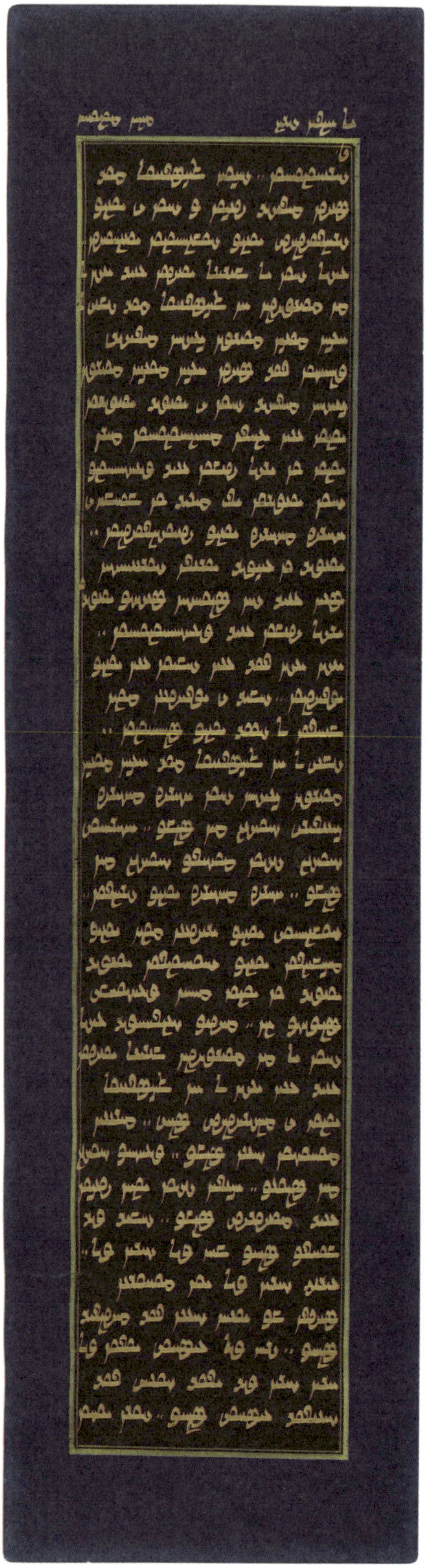

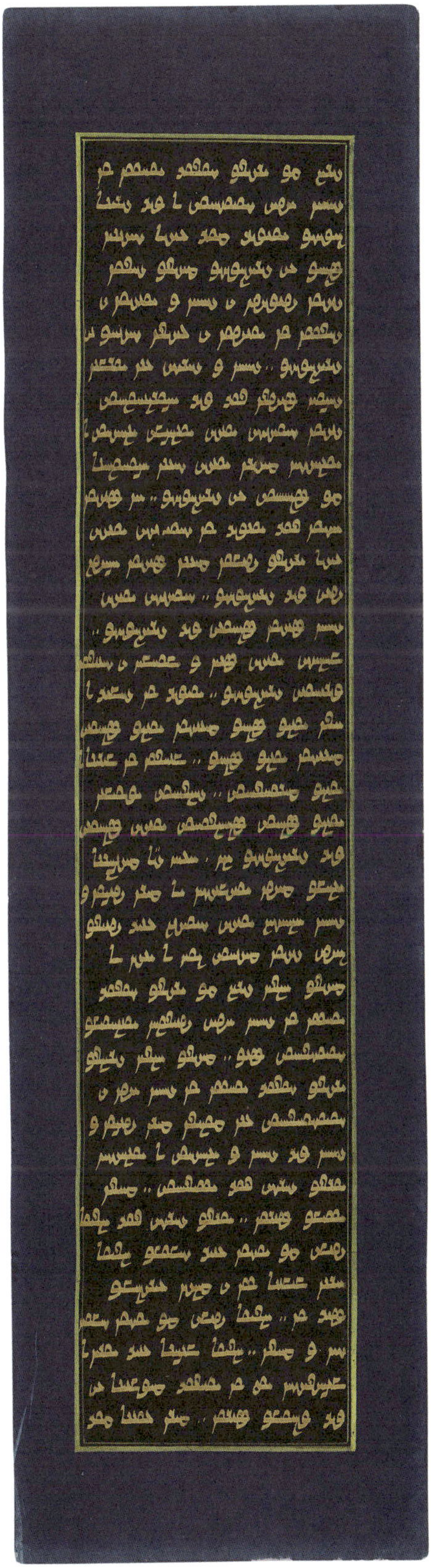

近代蒙古文　金光明最勝王經

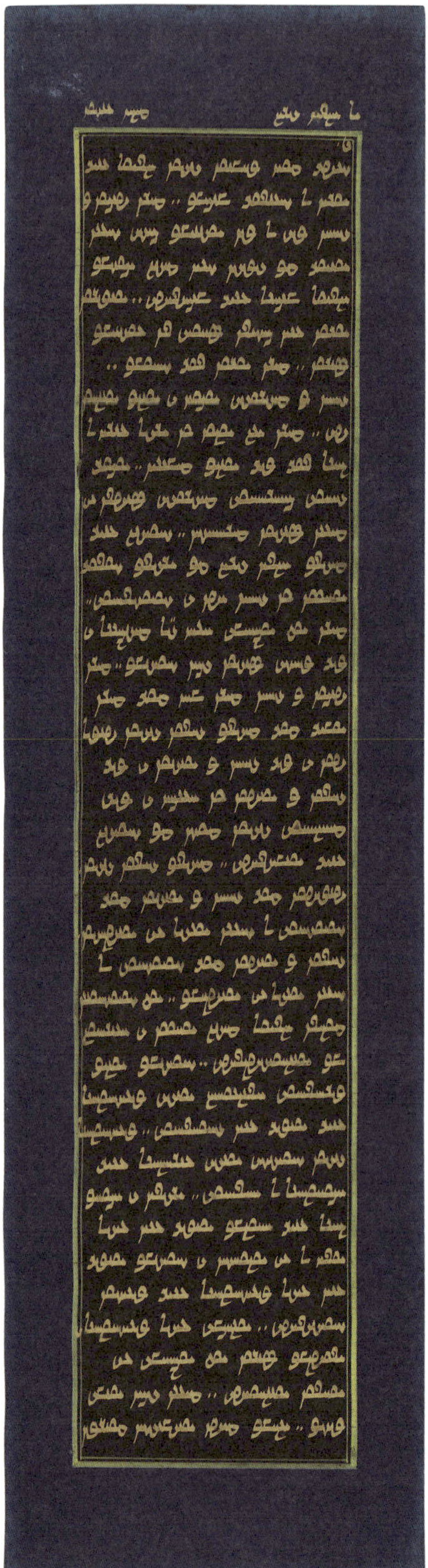

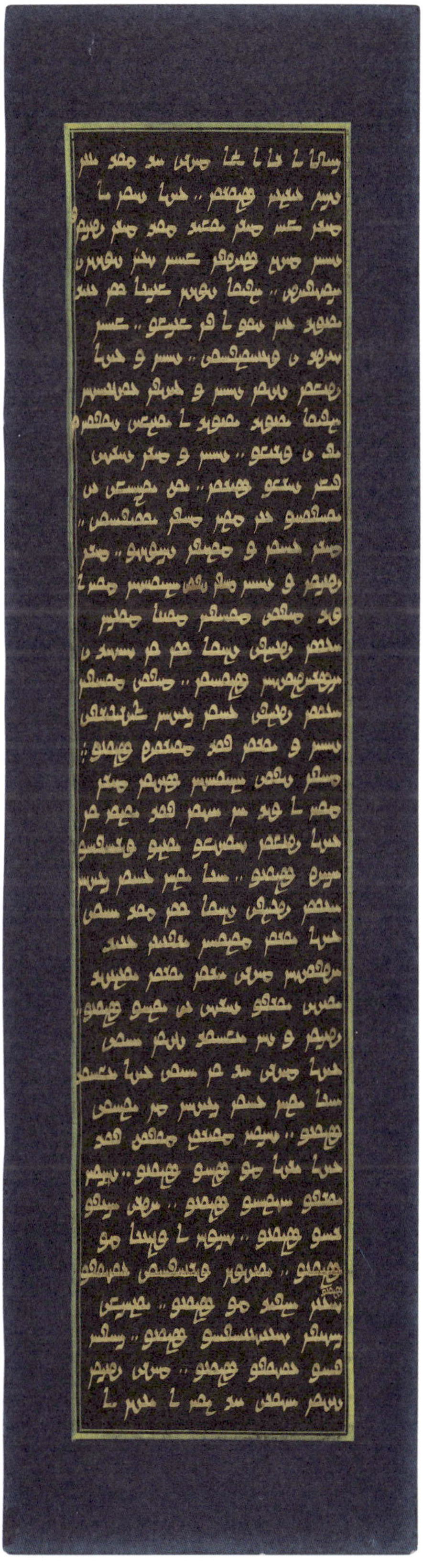

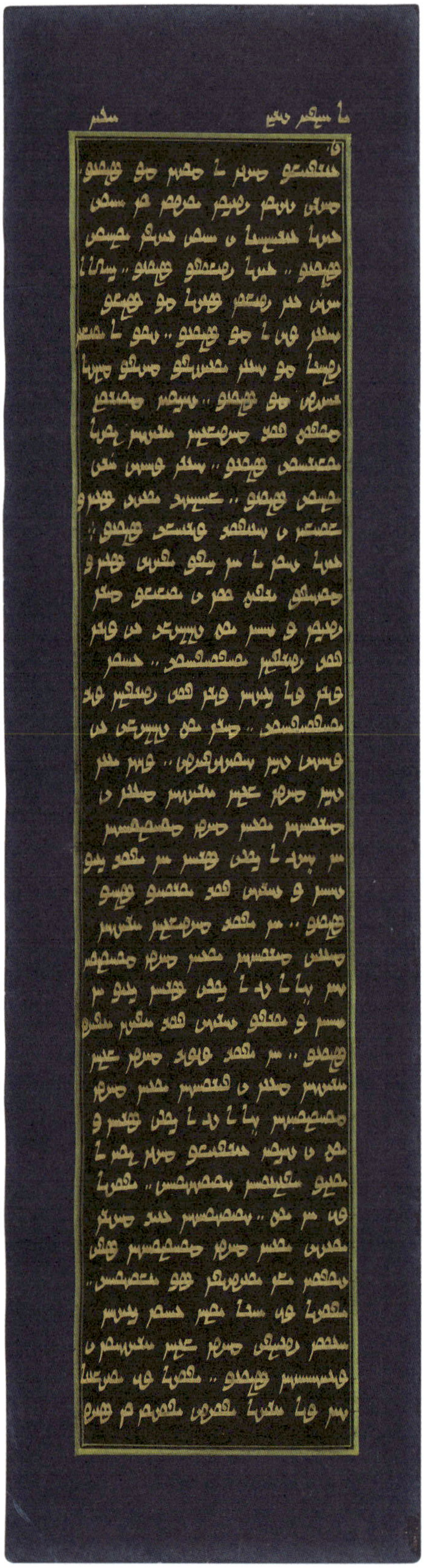

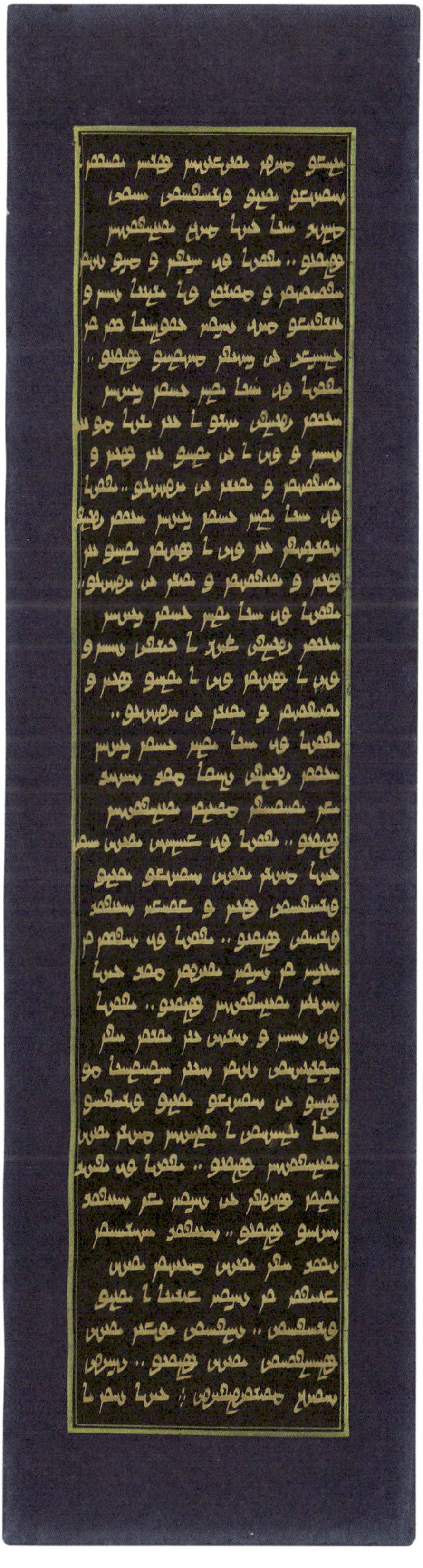

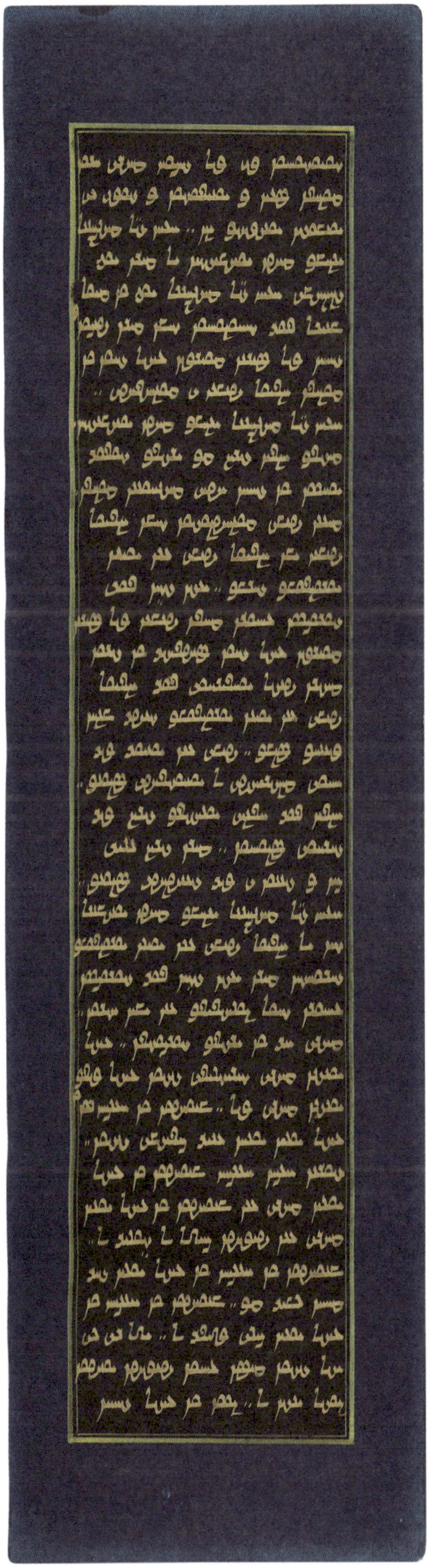

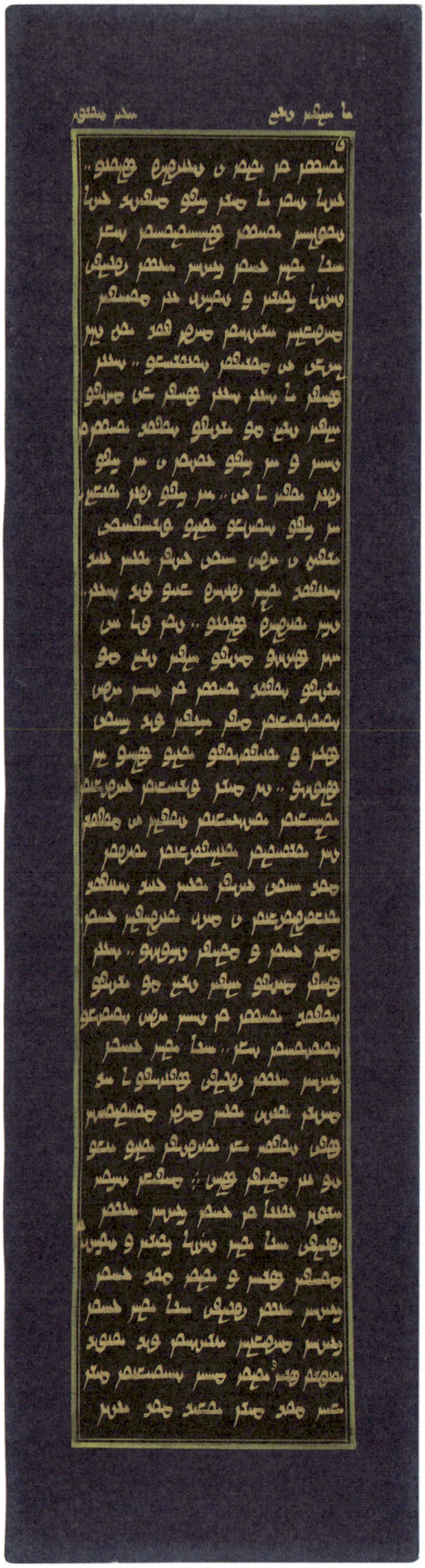

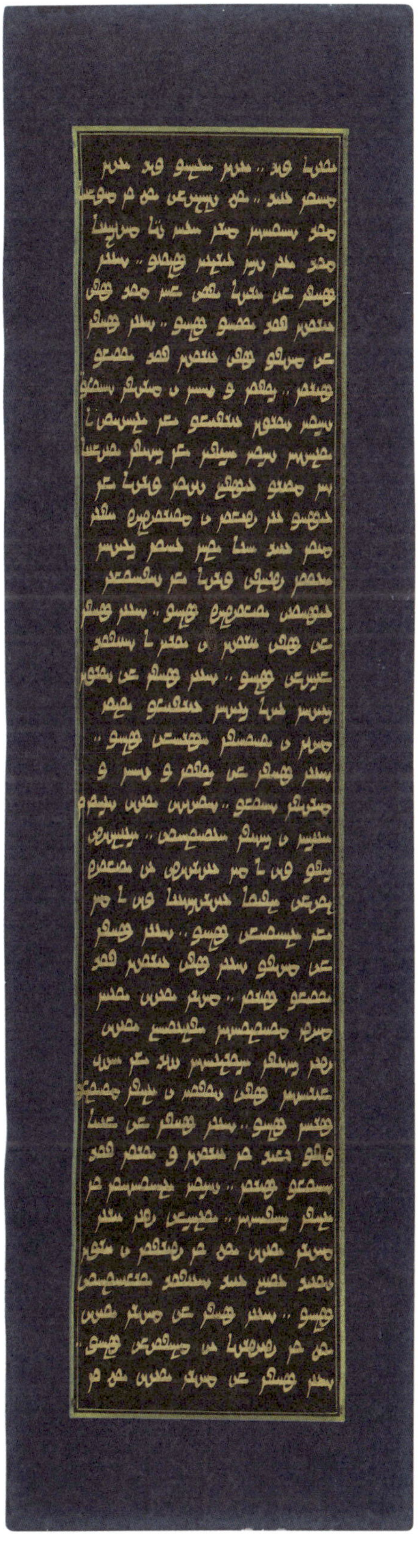

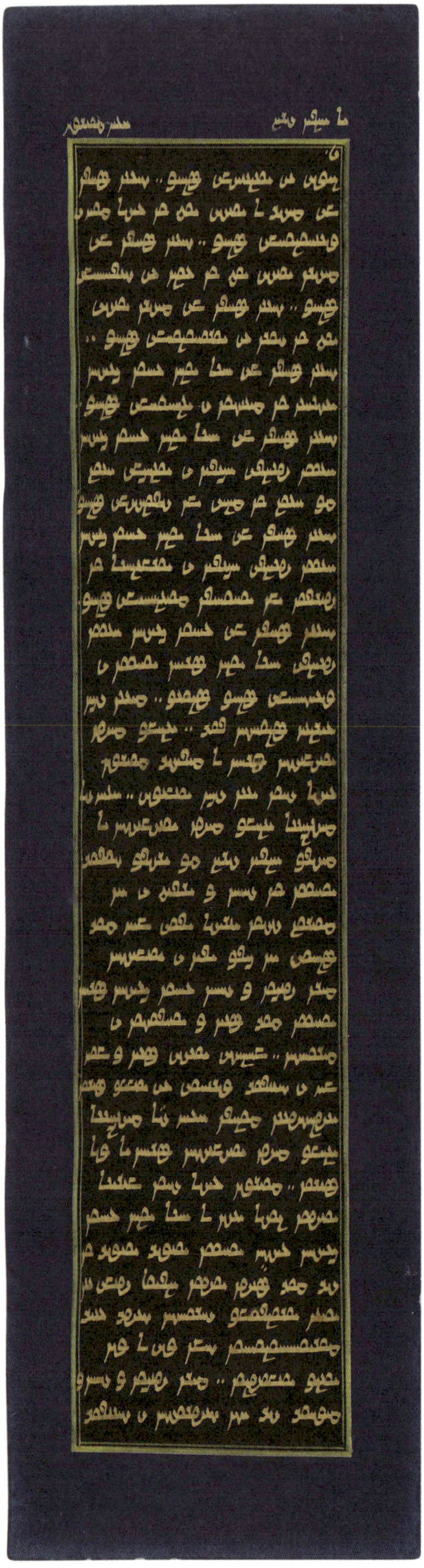

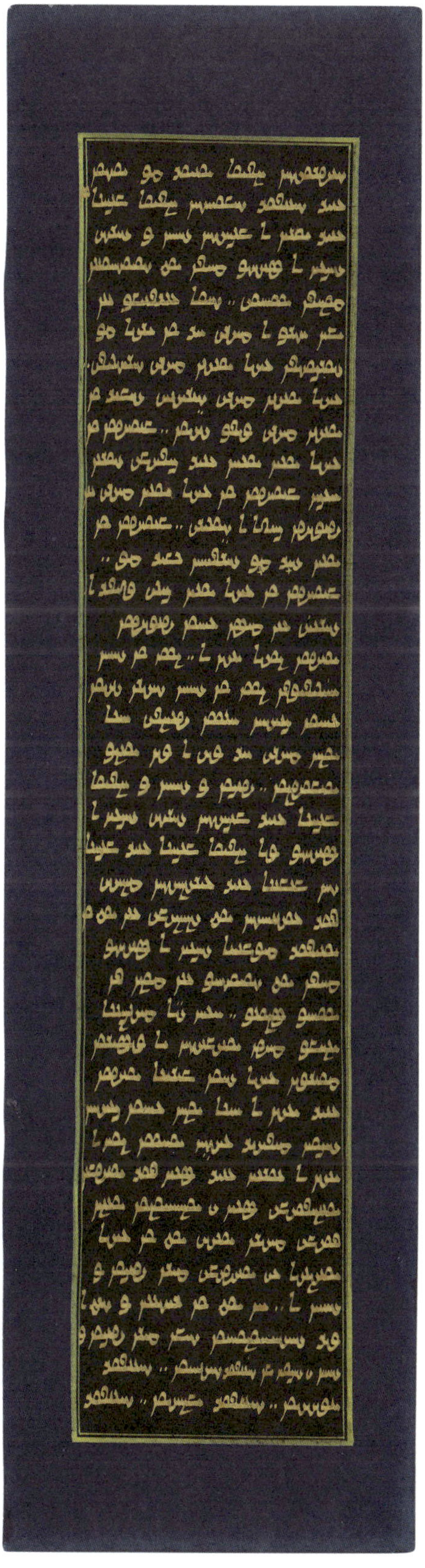

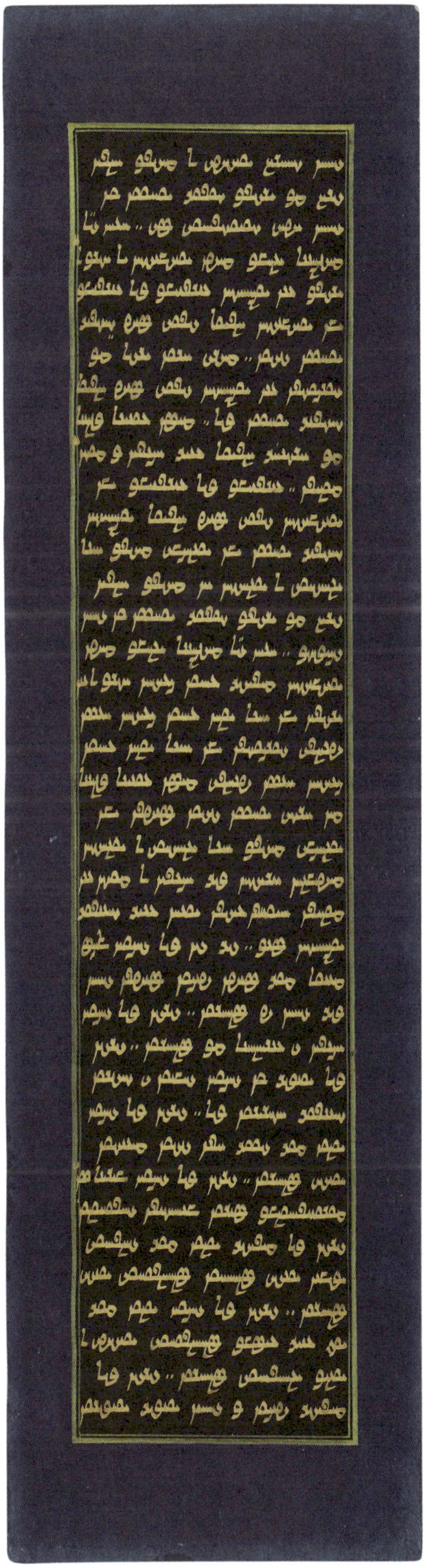

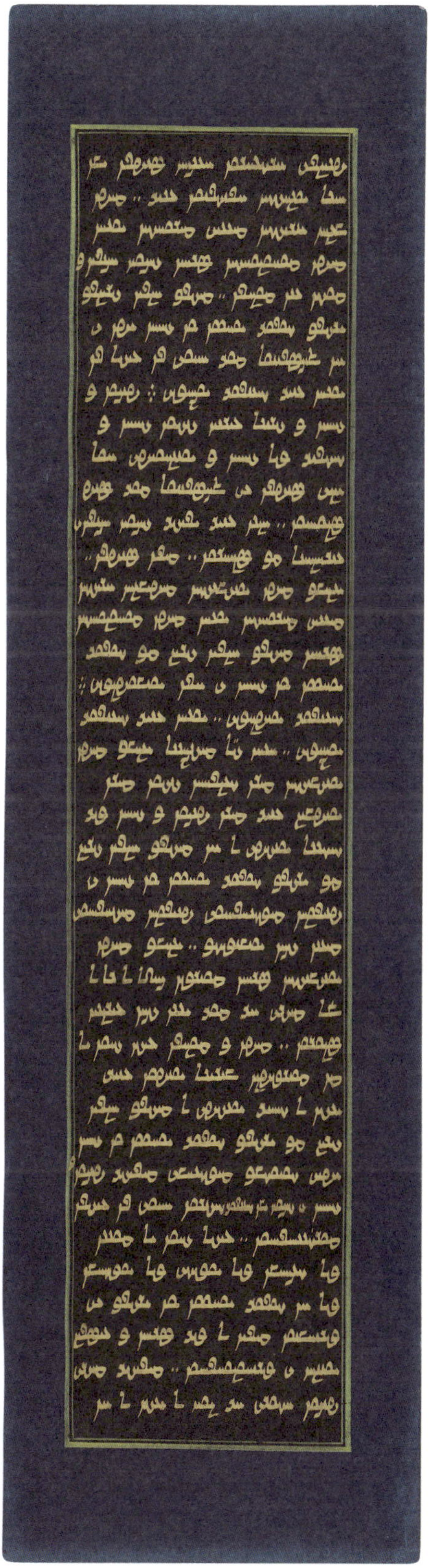

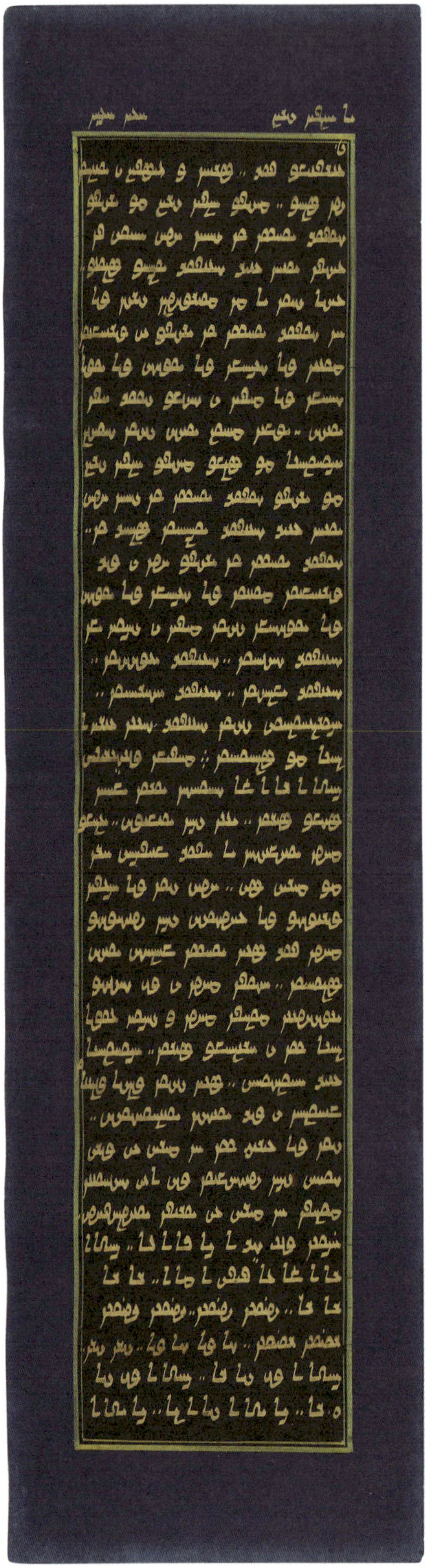

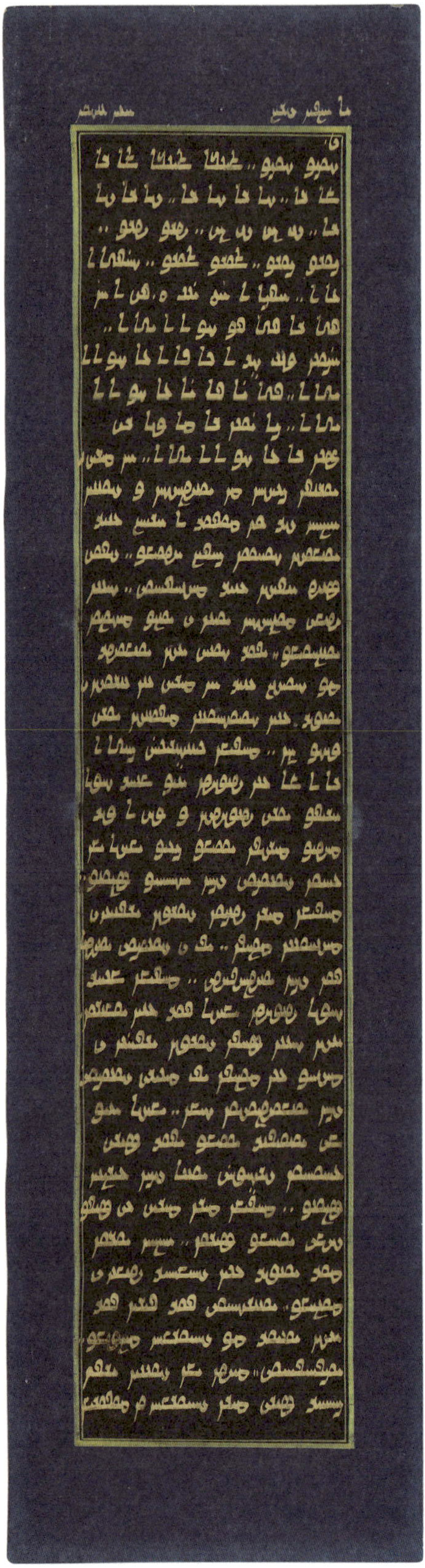

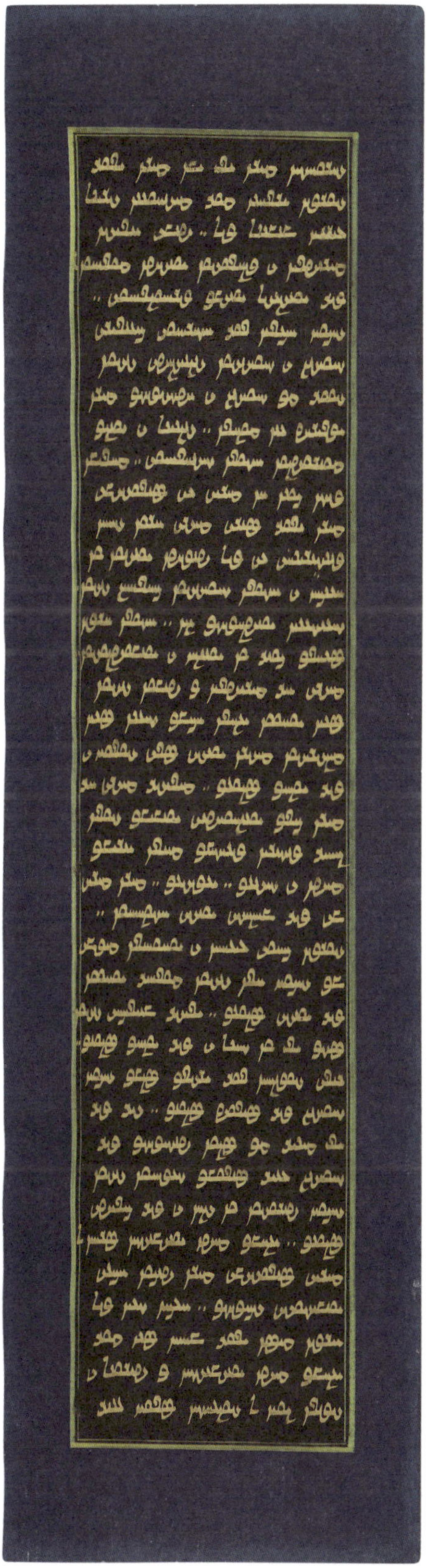

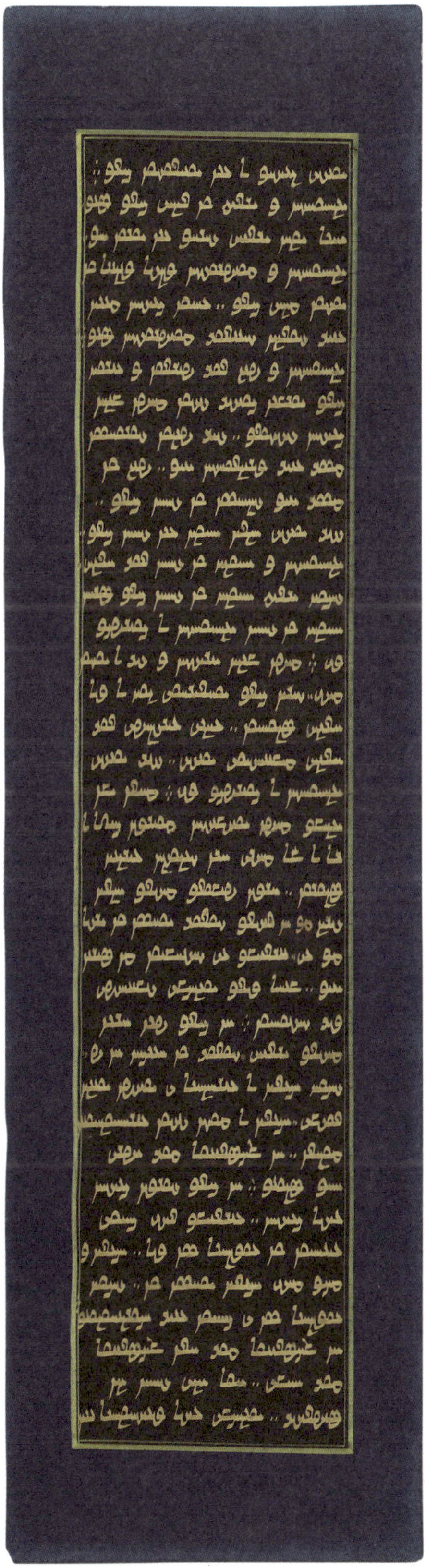

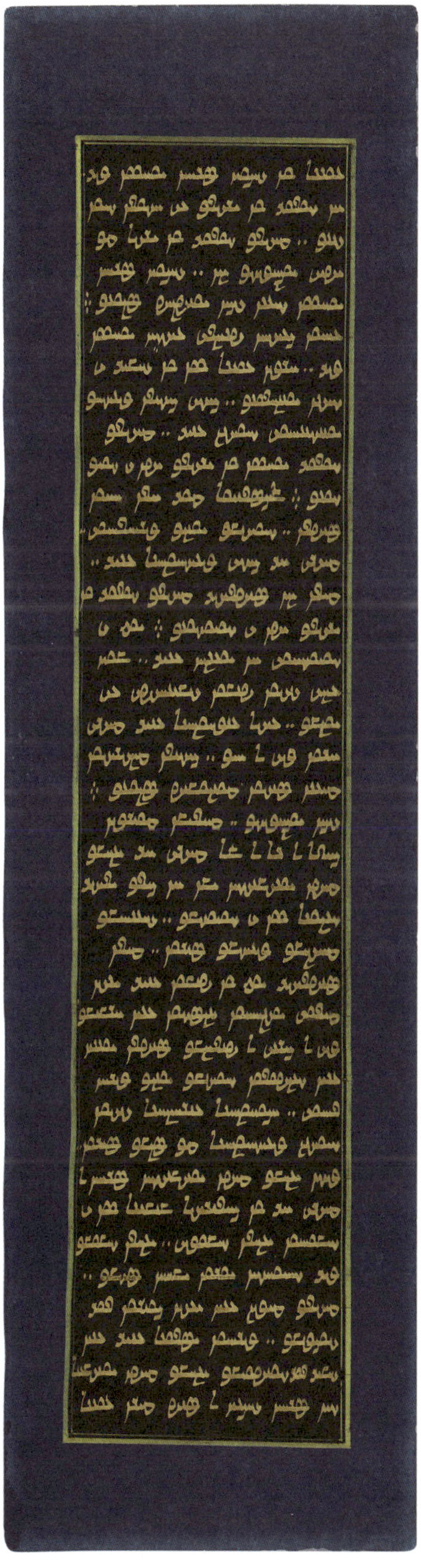

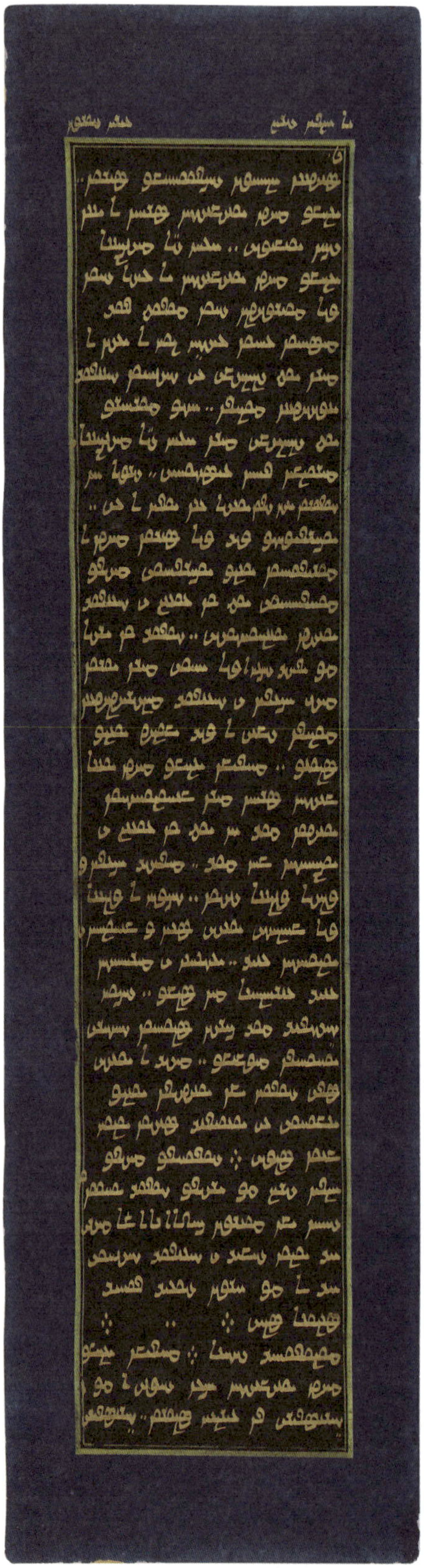

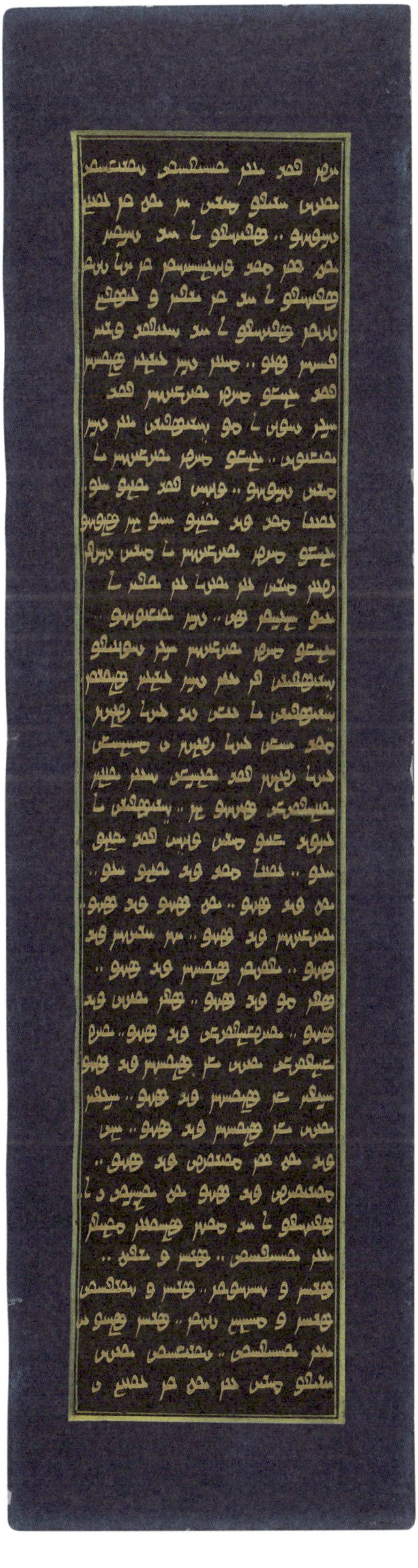

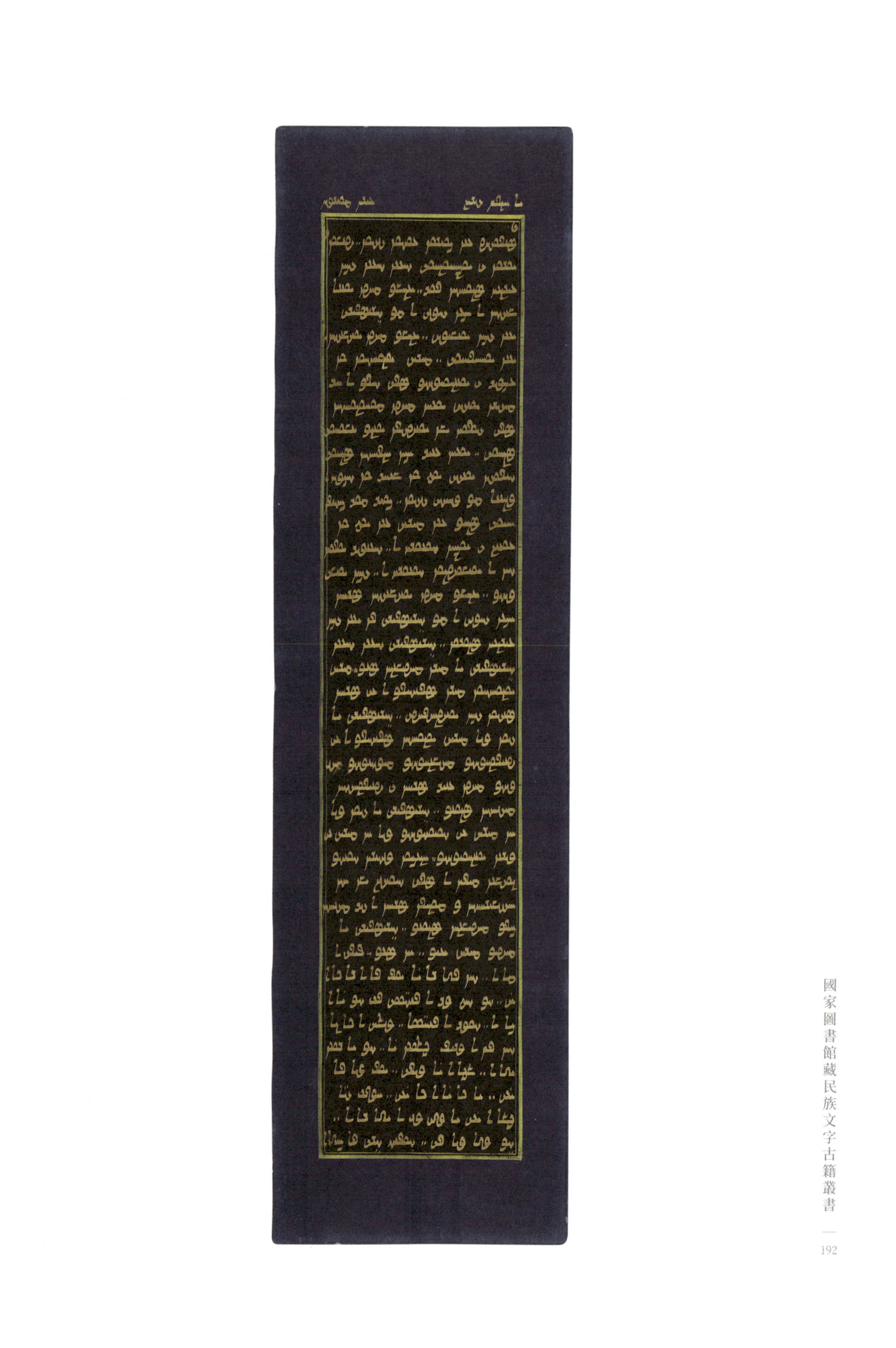

[illegible]

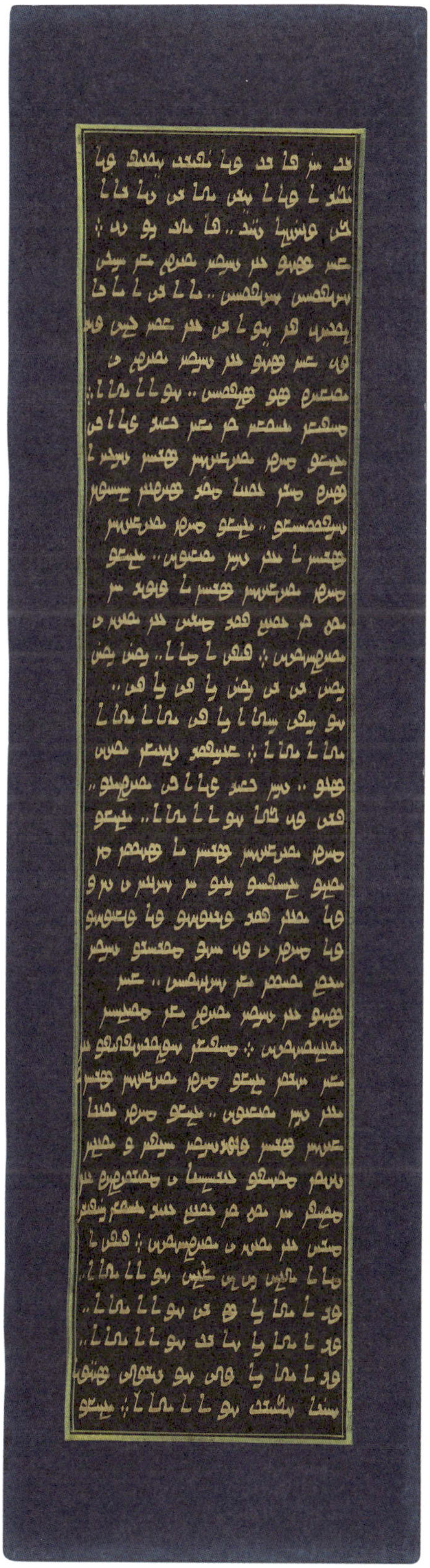

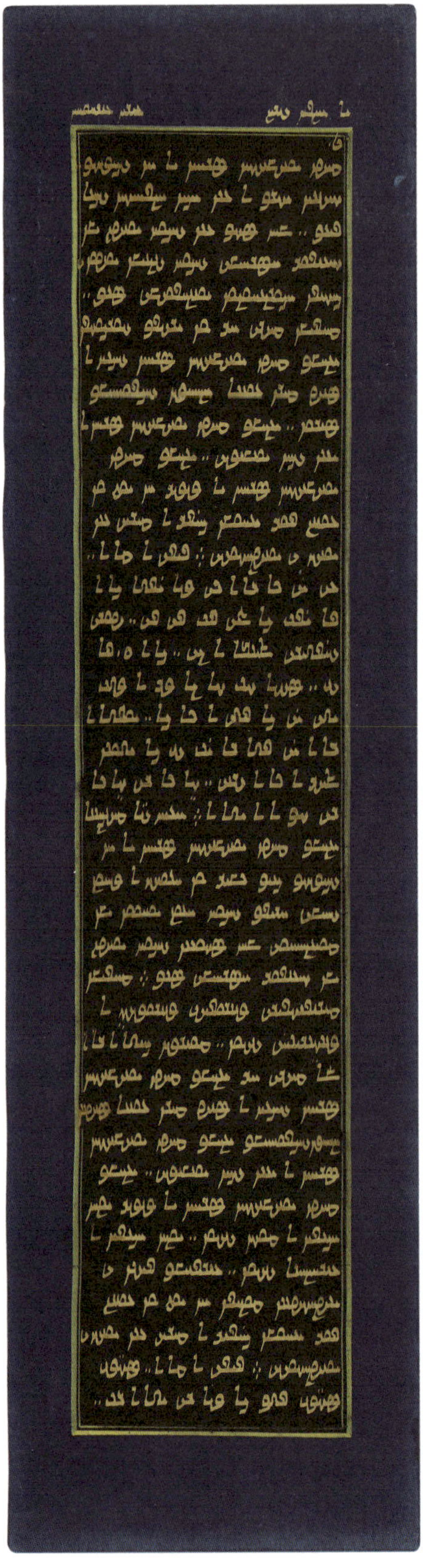

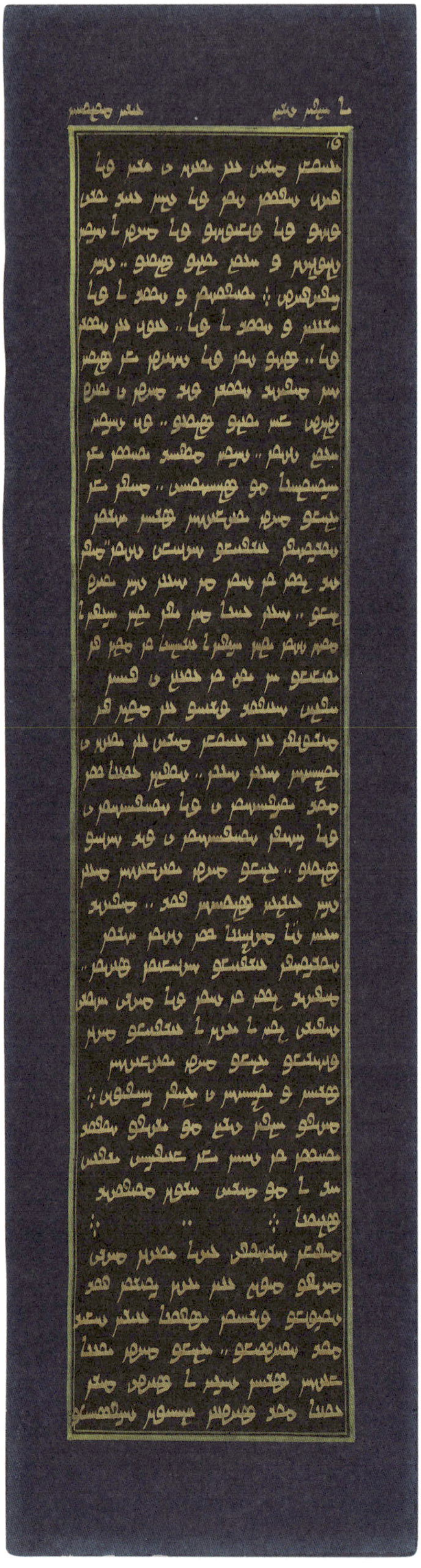

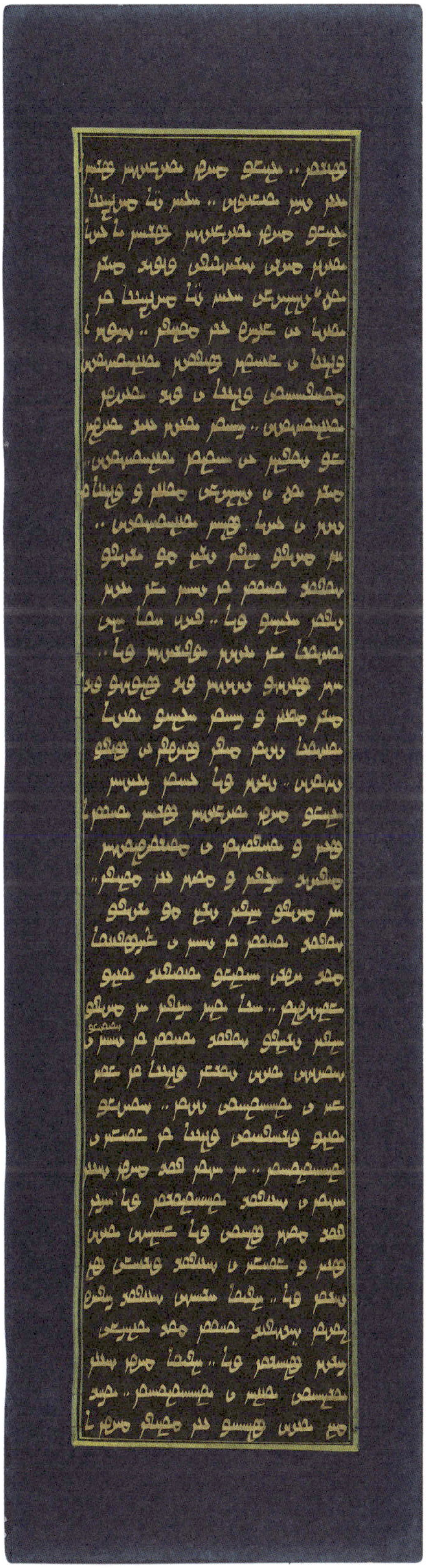

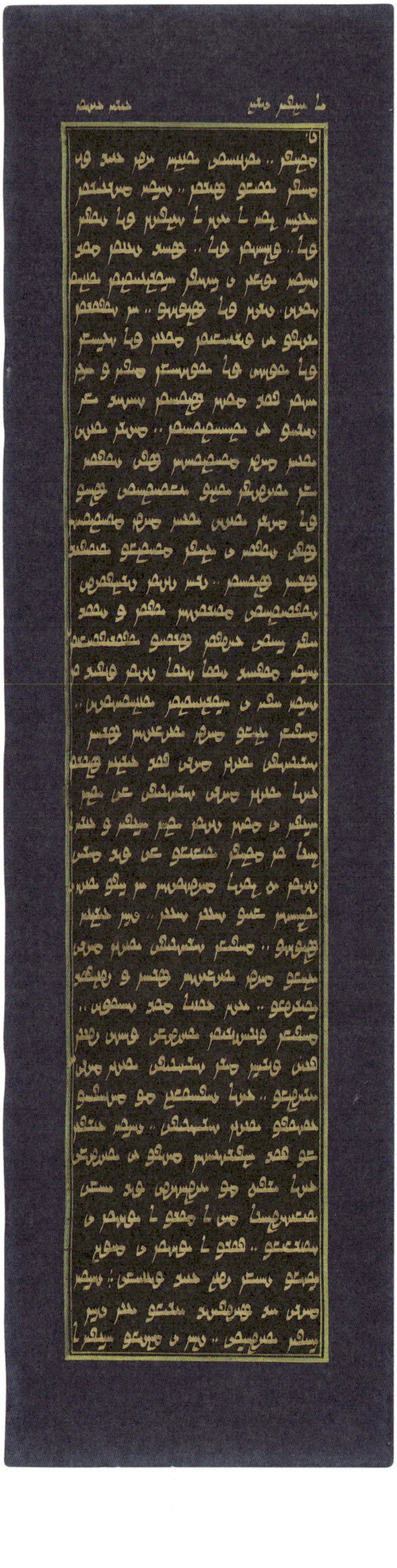

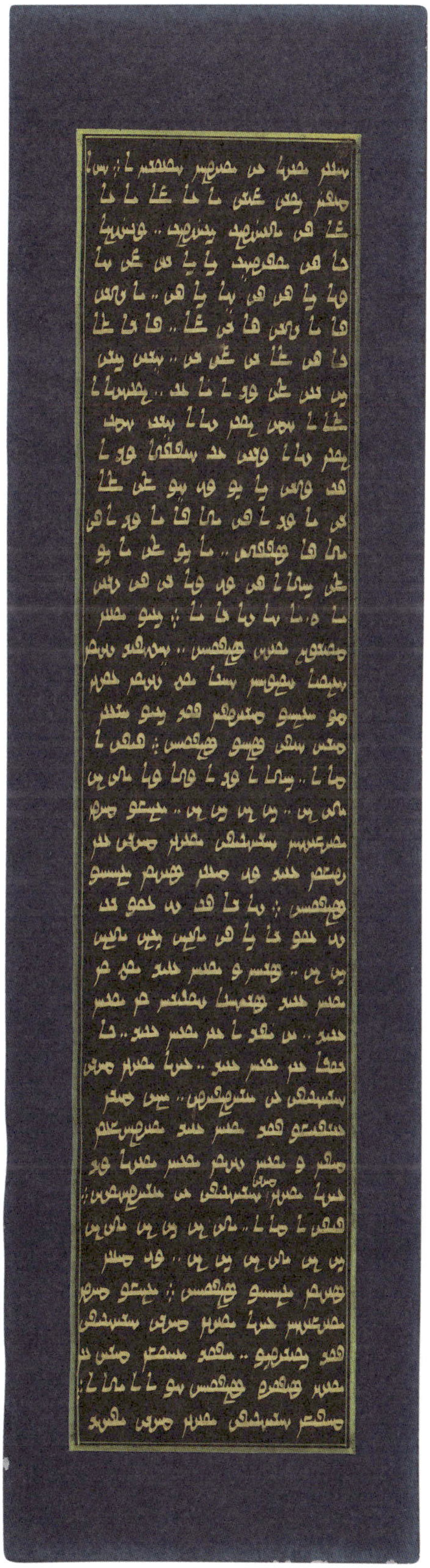

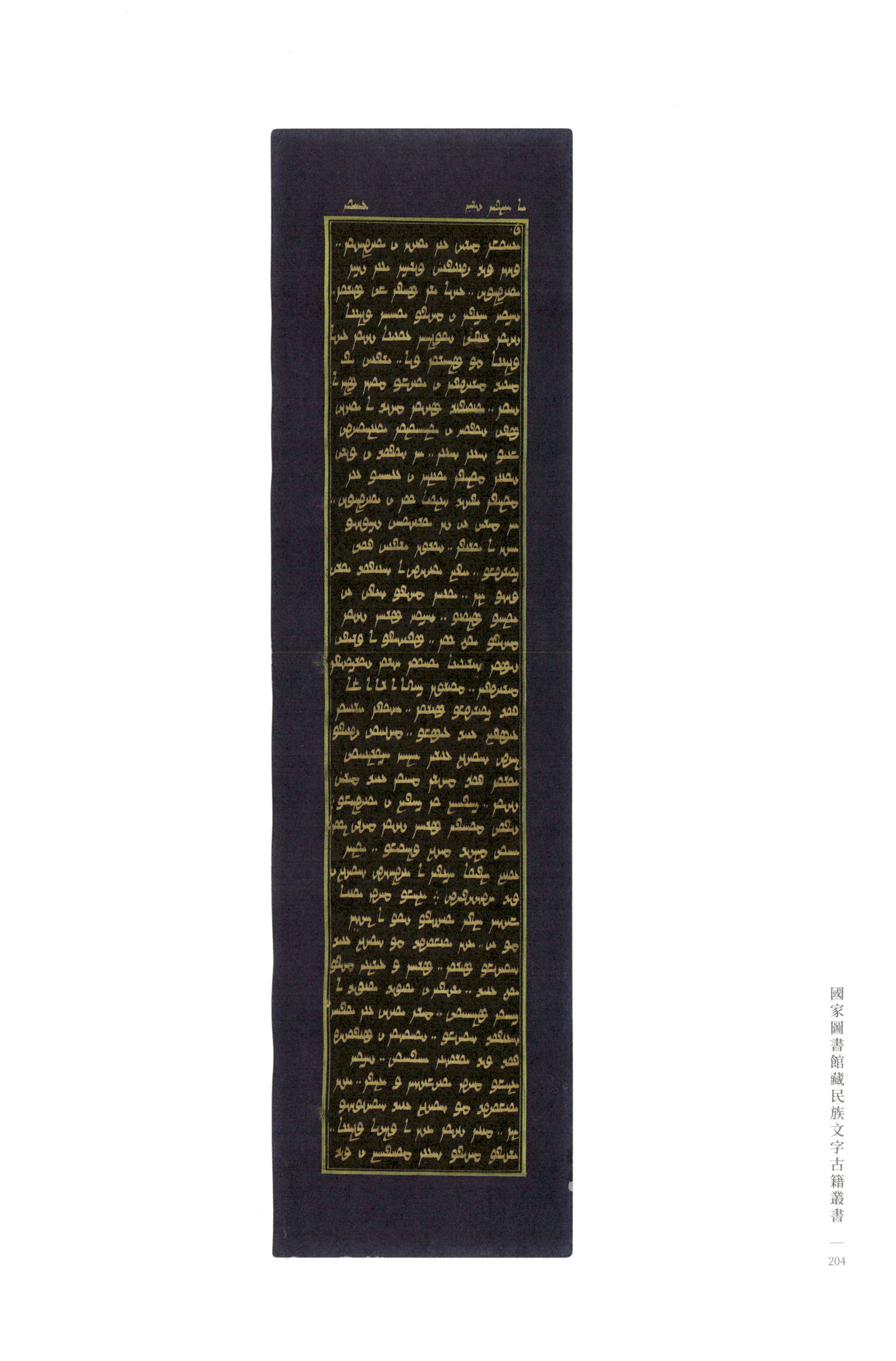

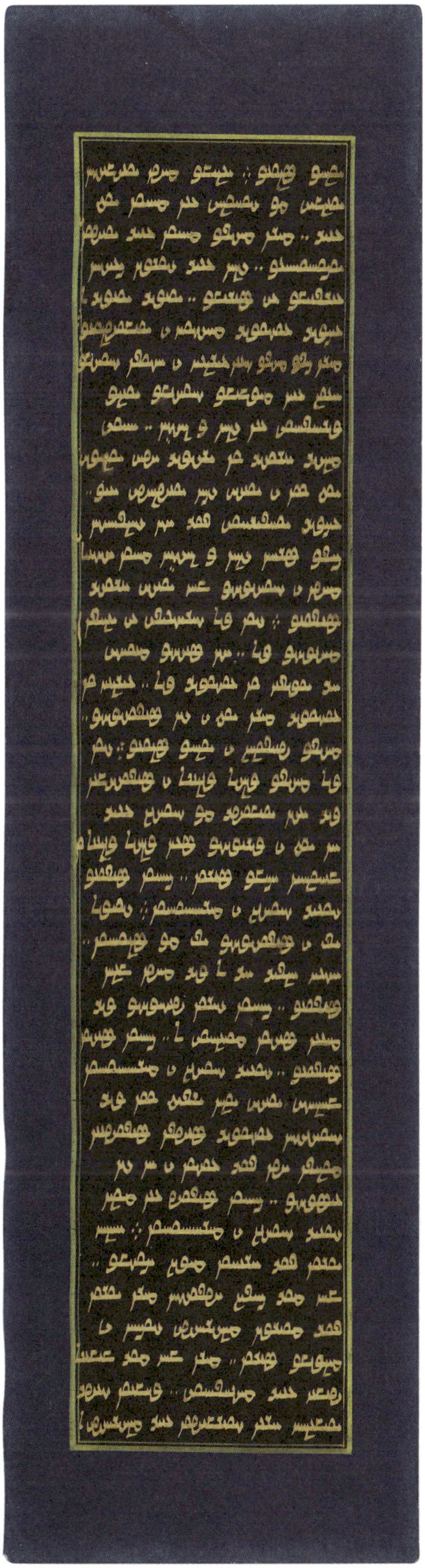

近代蒙古文　金光明最勝王經　一

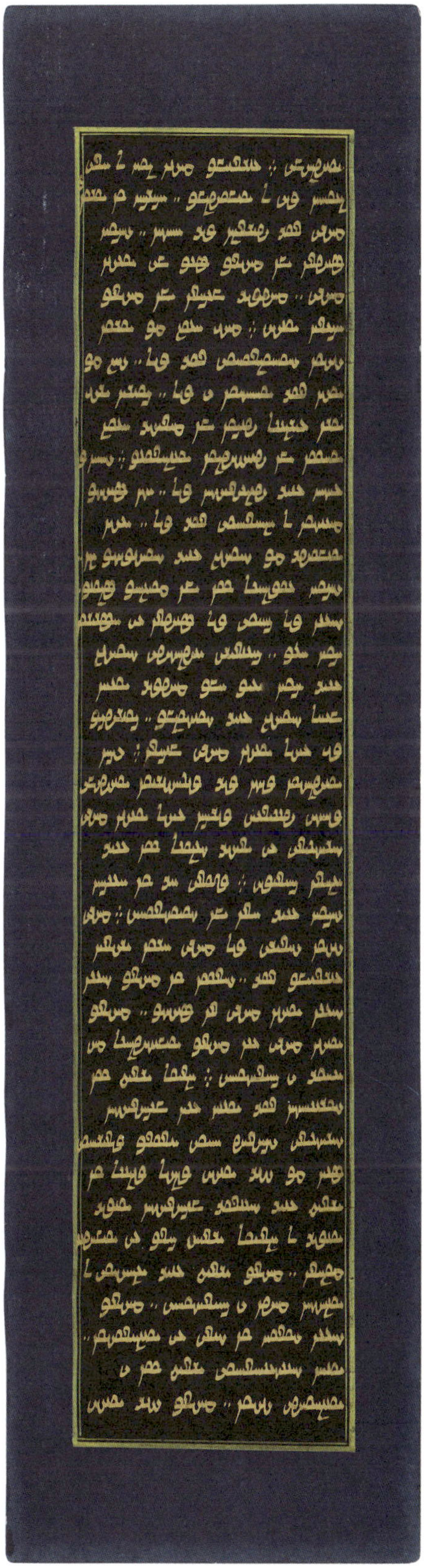

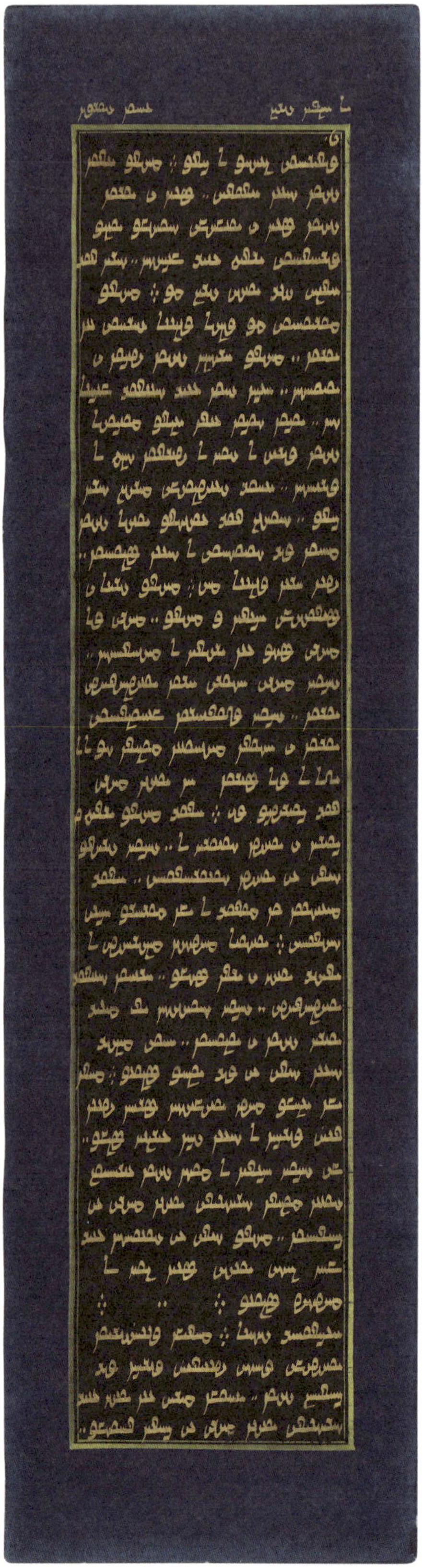

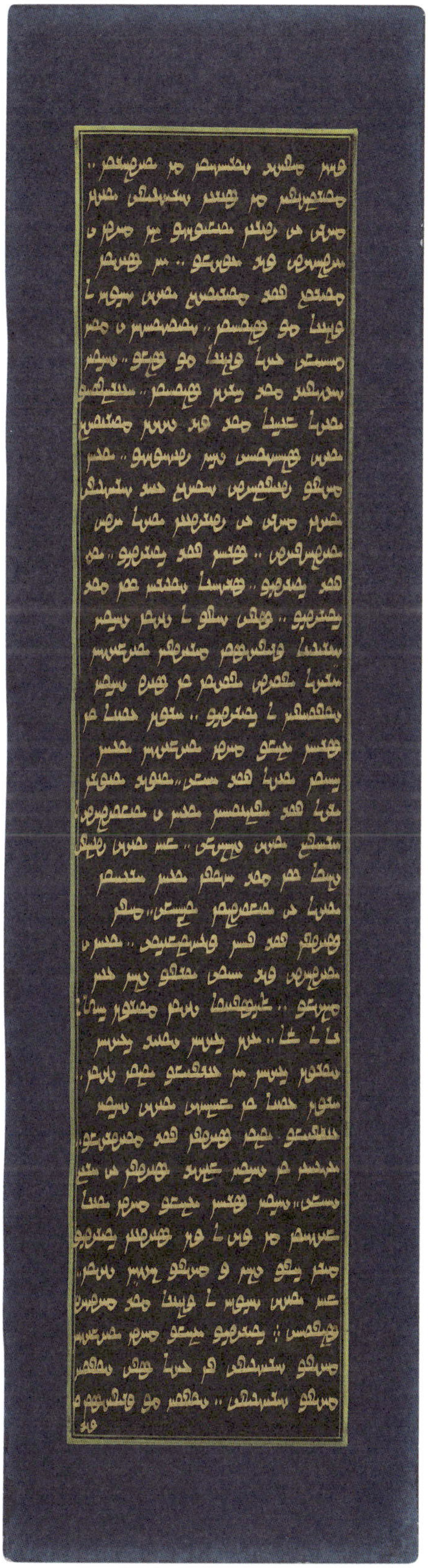

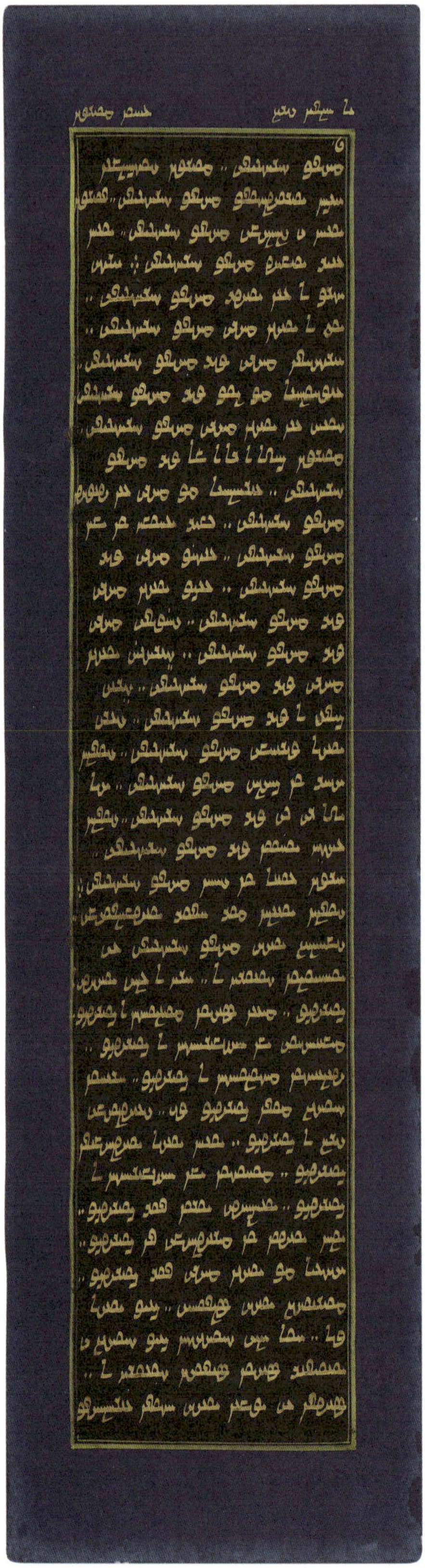

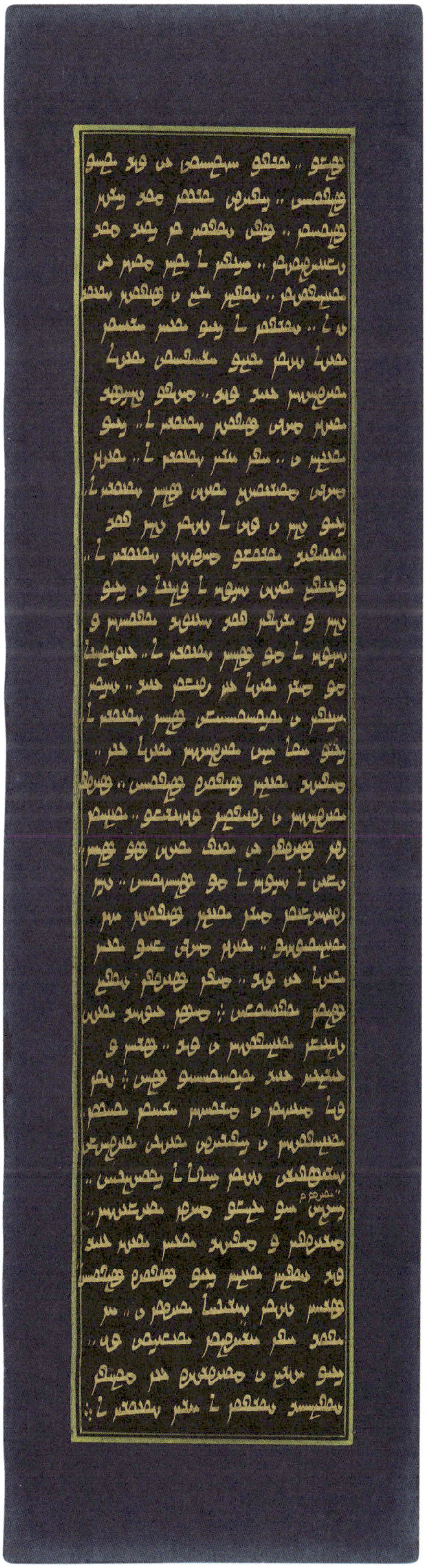

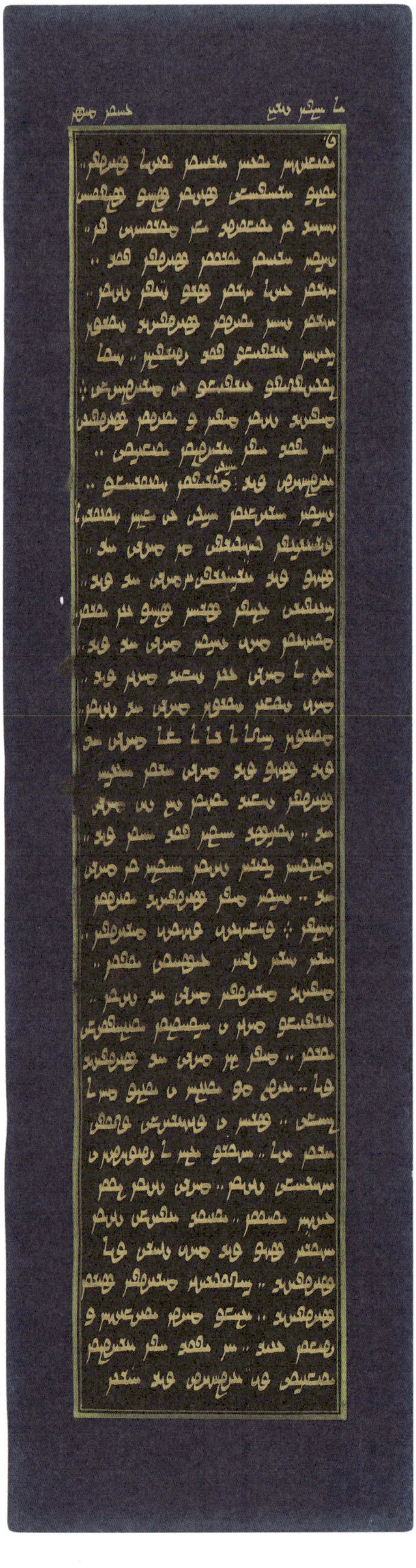

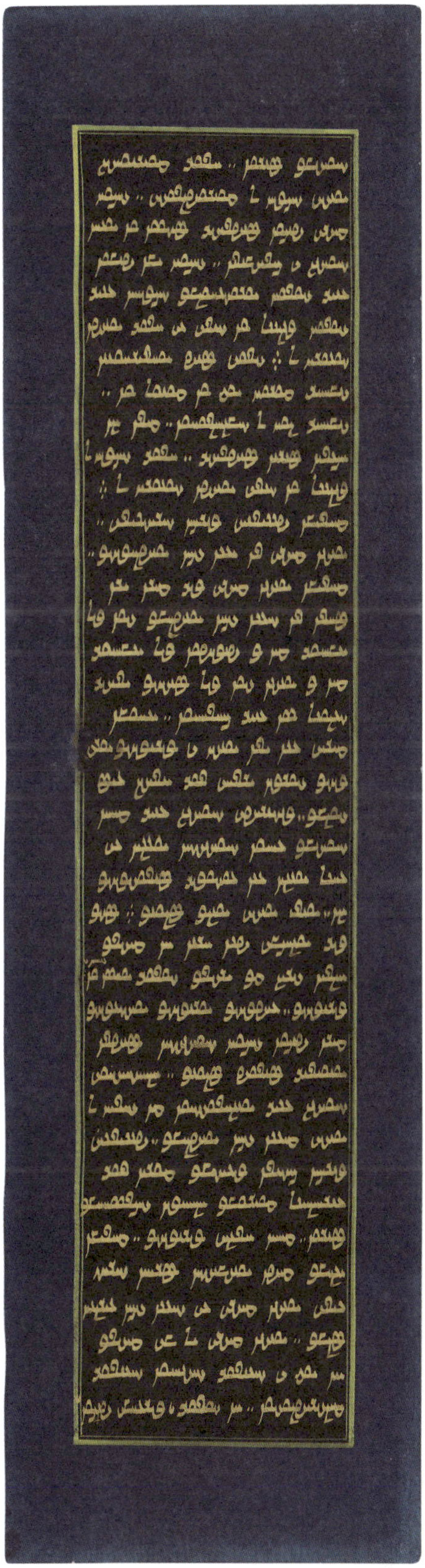

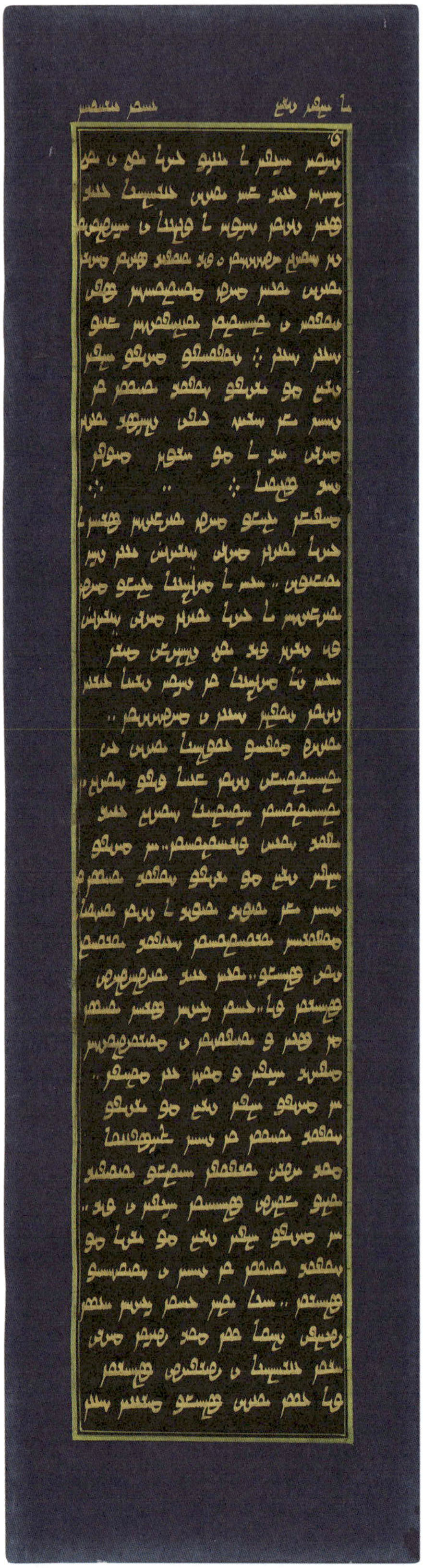

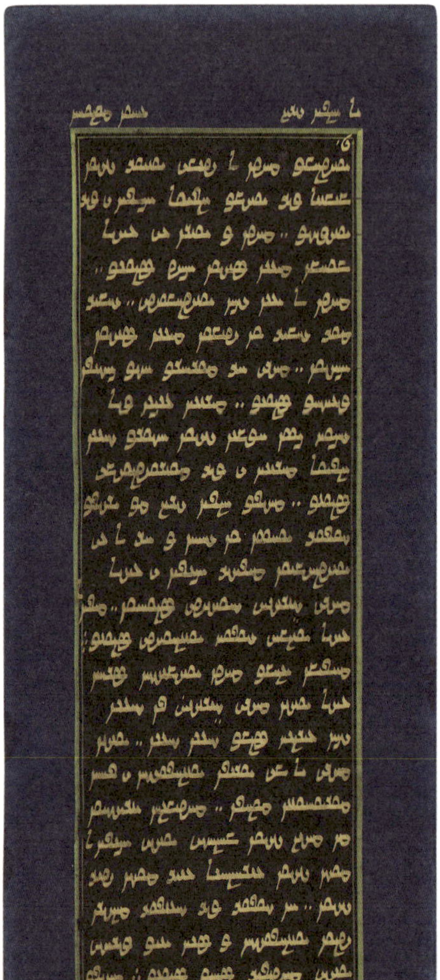

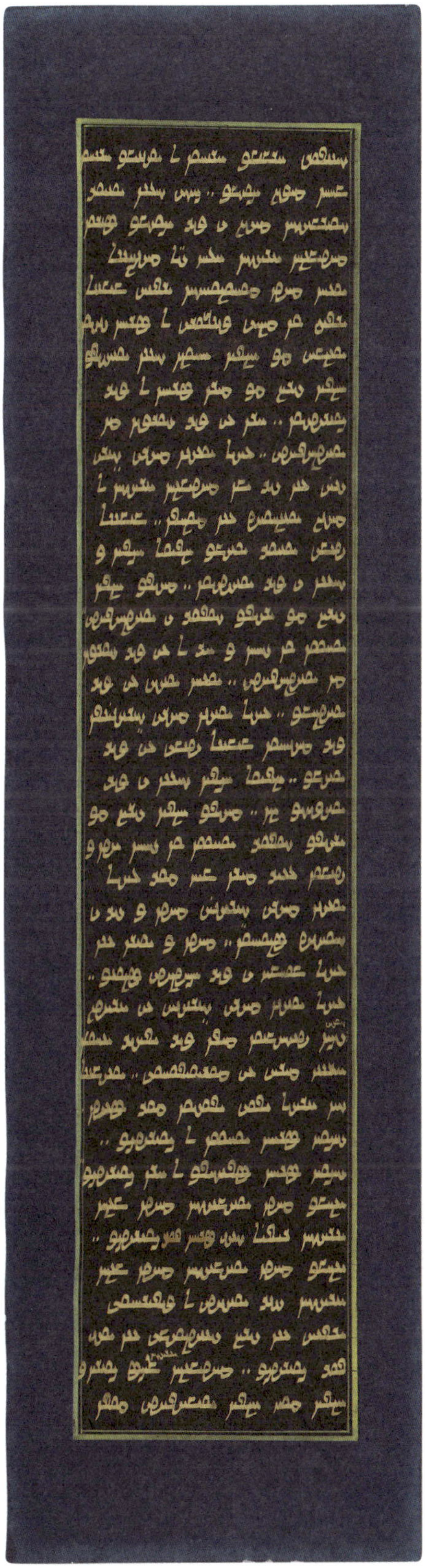

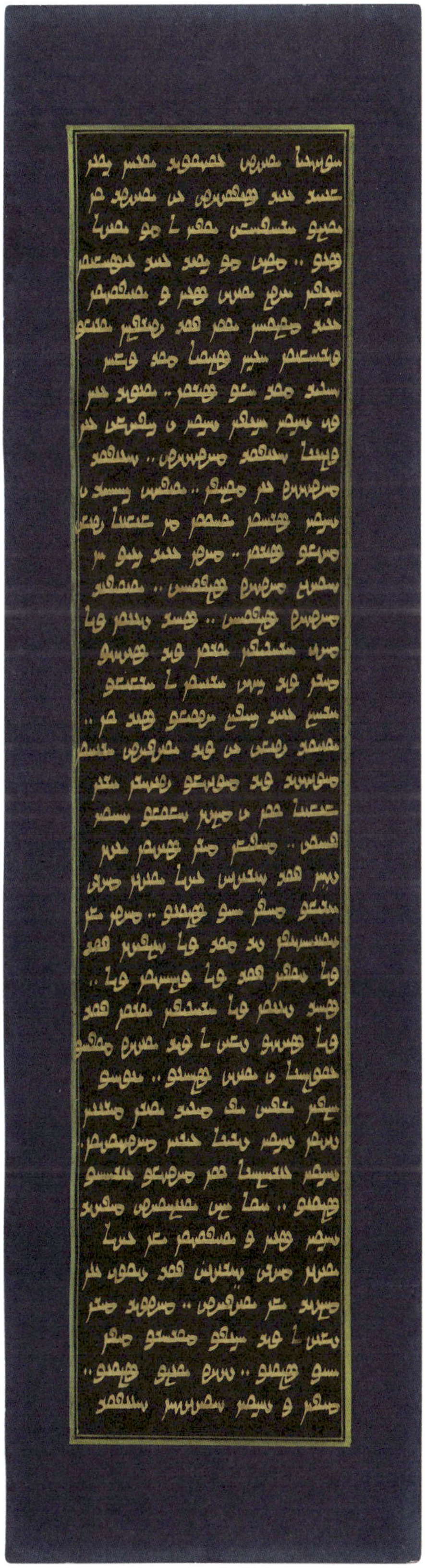

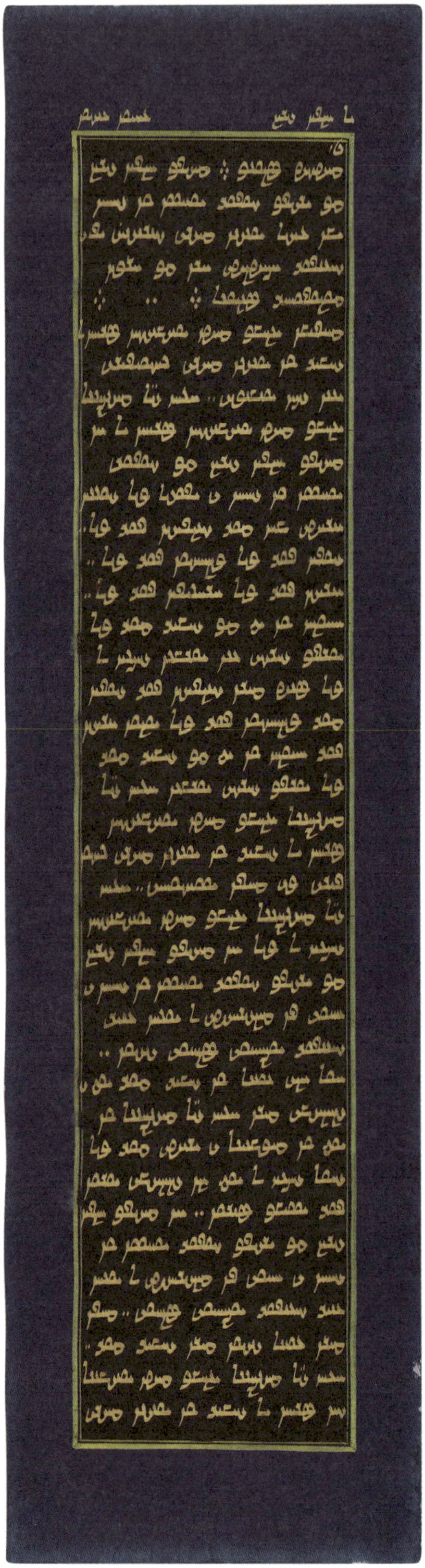

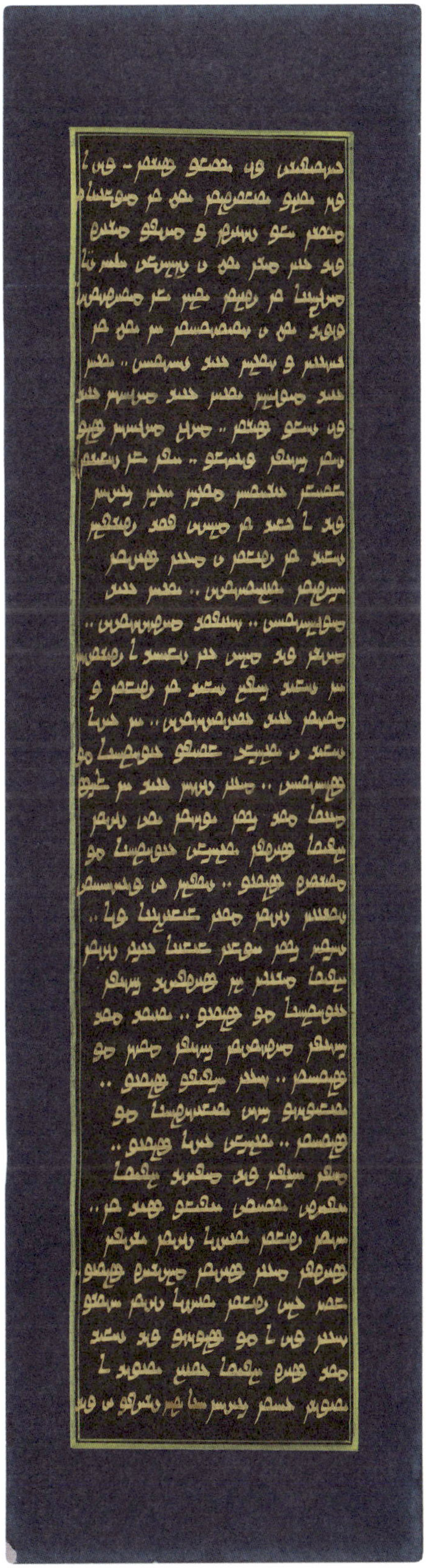

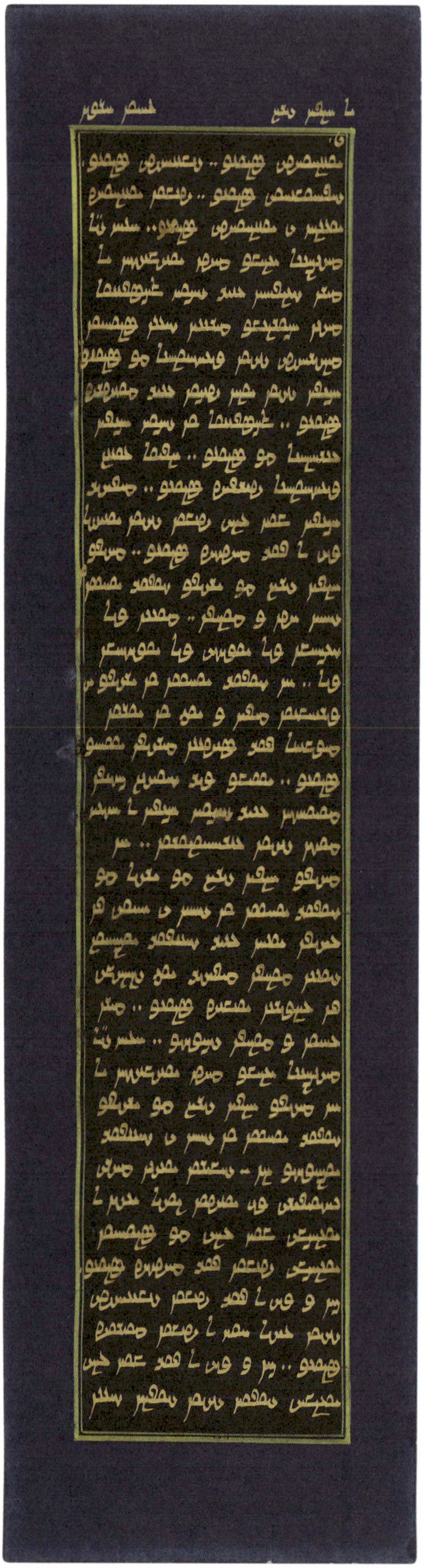

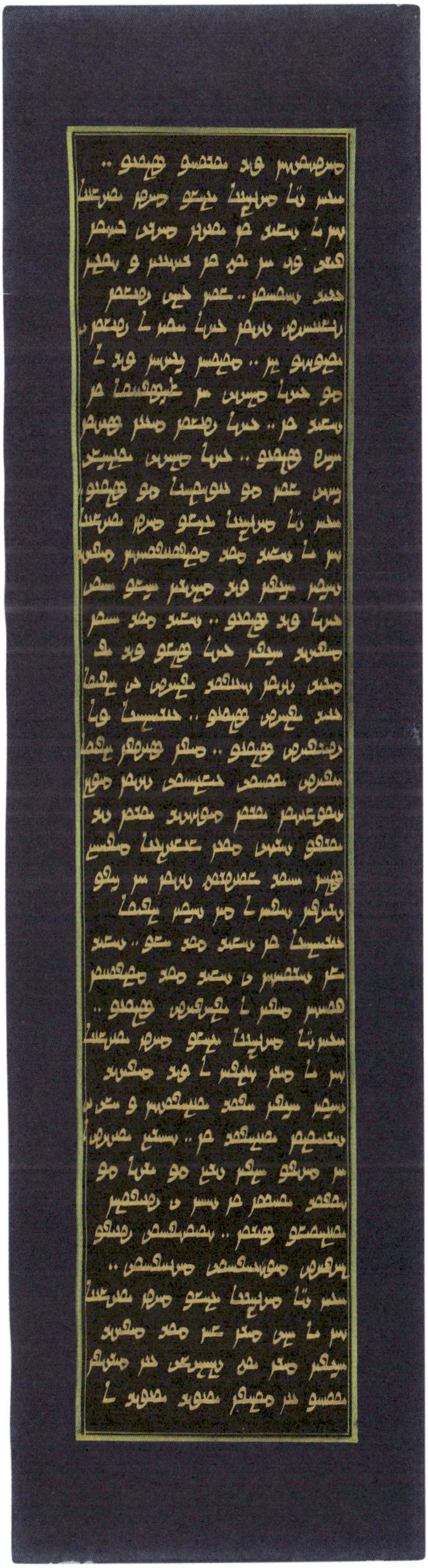

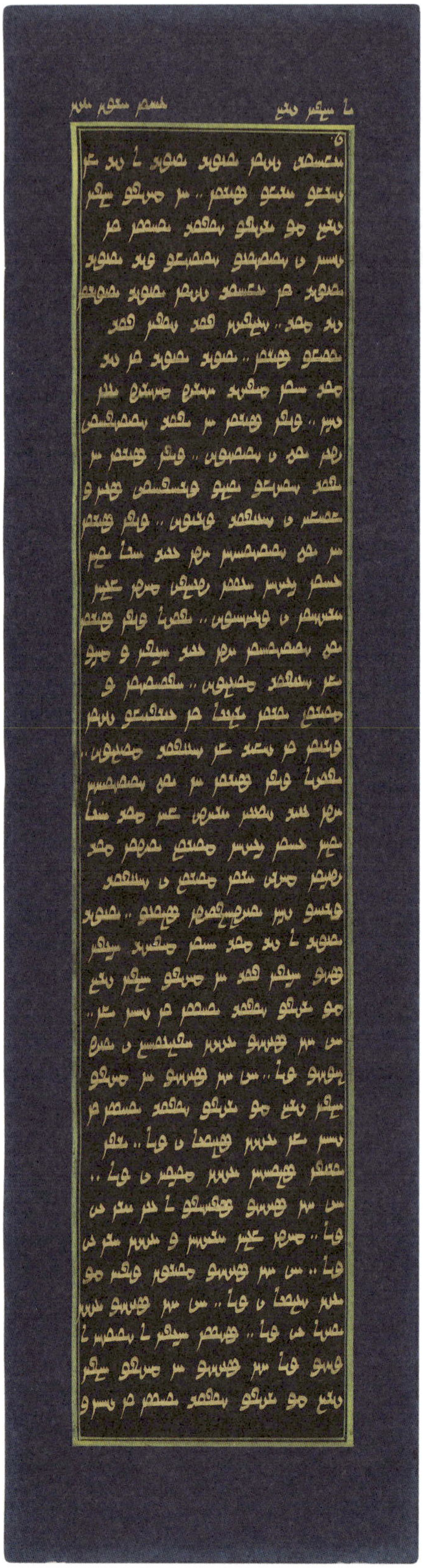

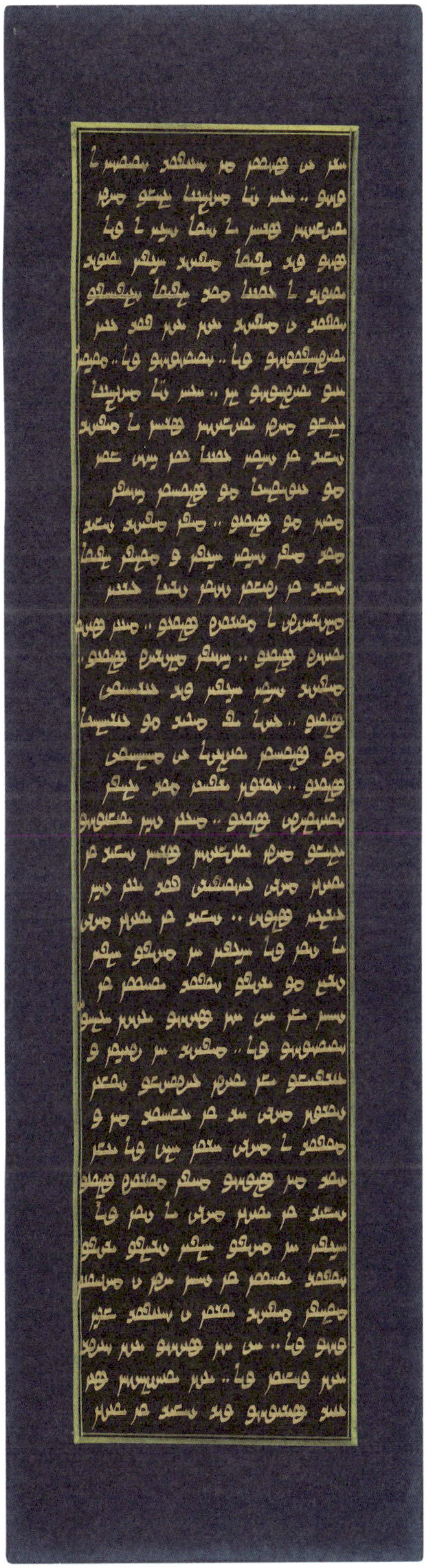

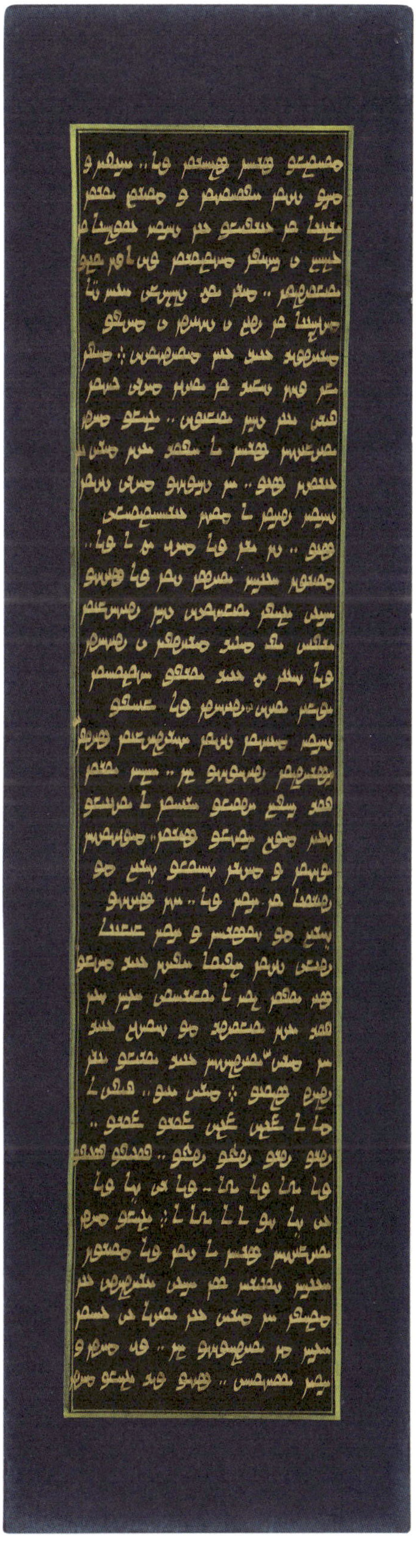

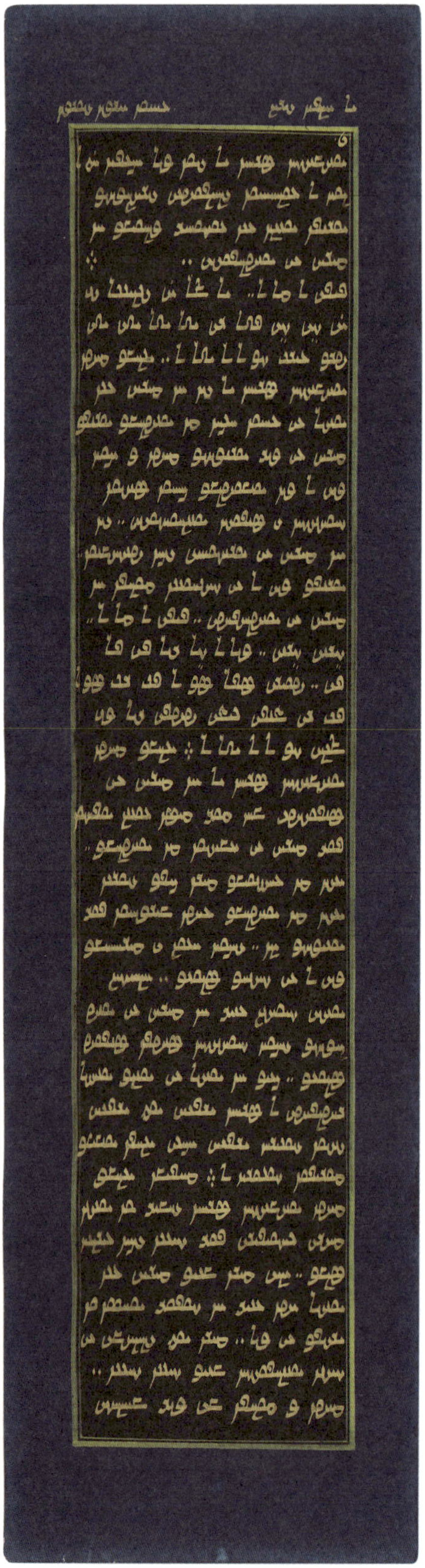

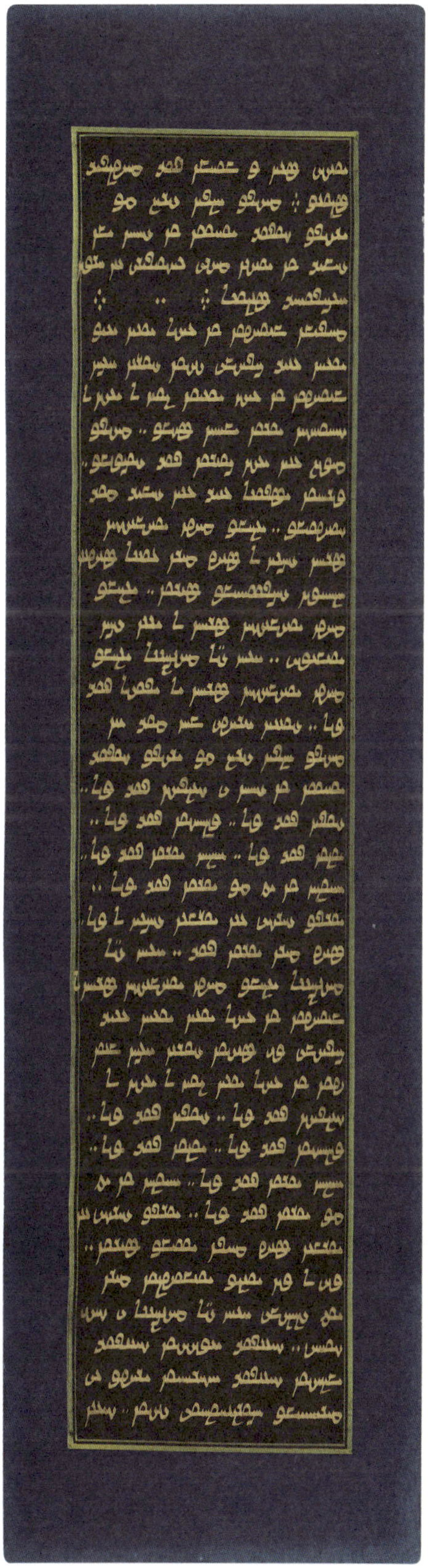

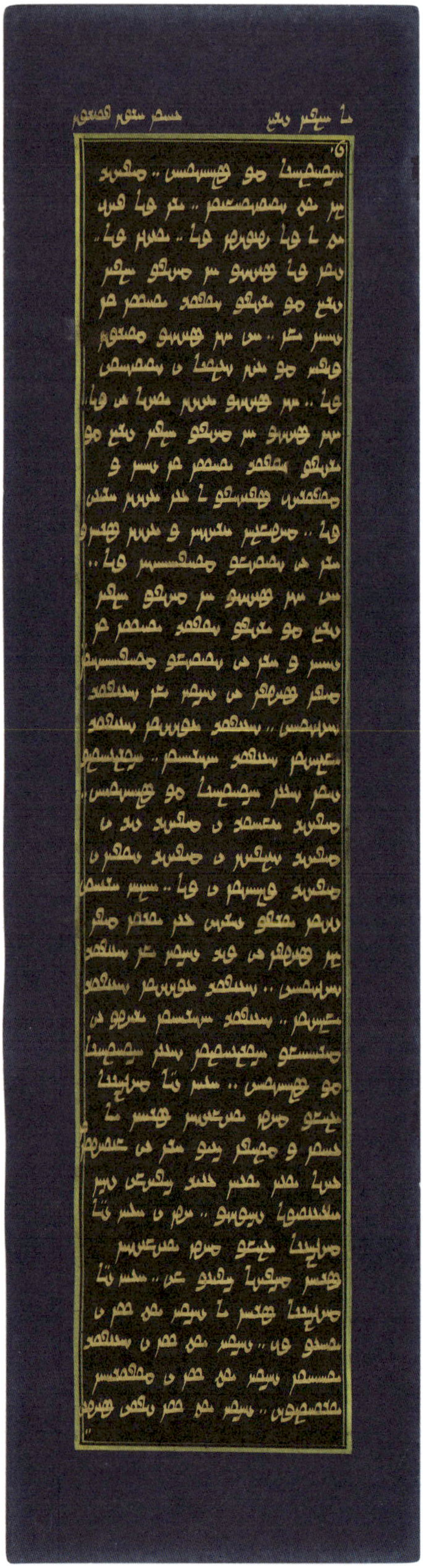

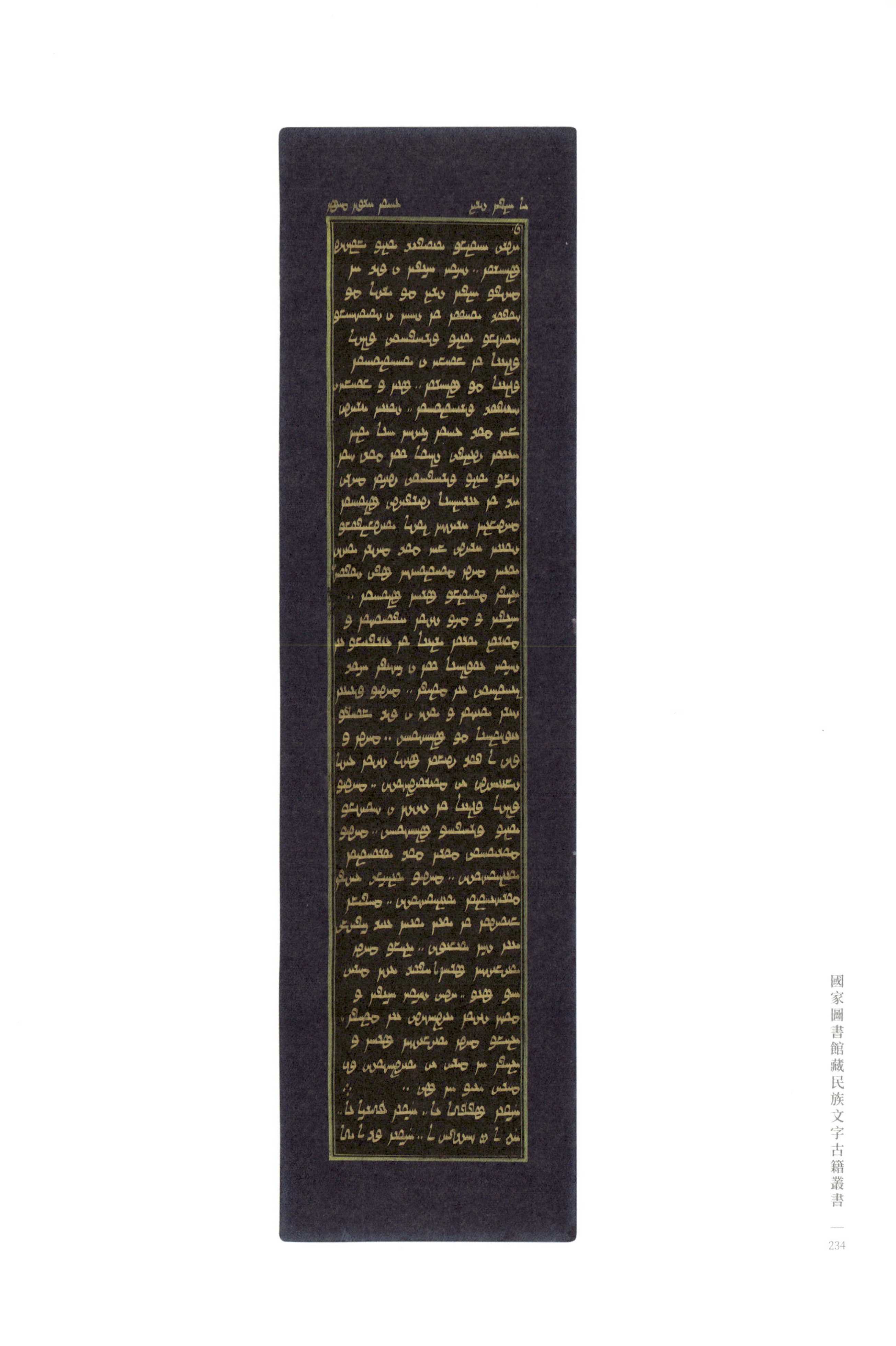

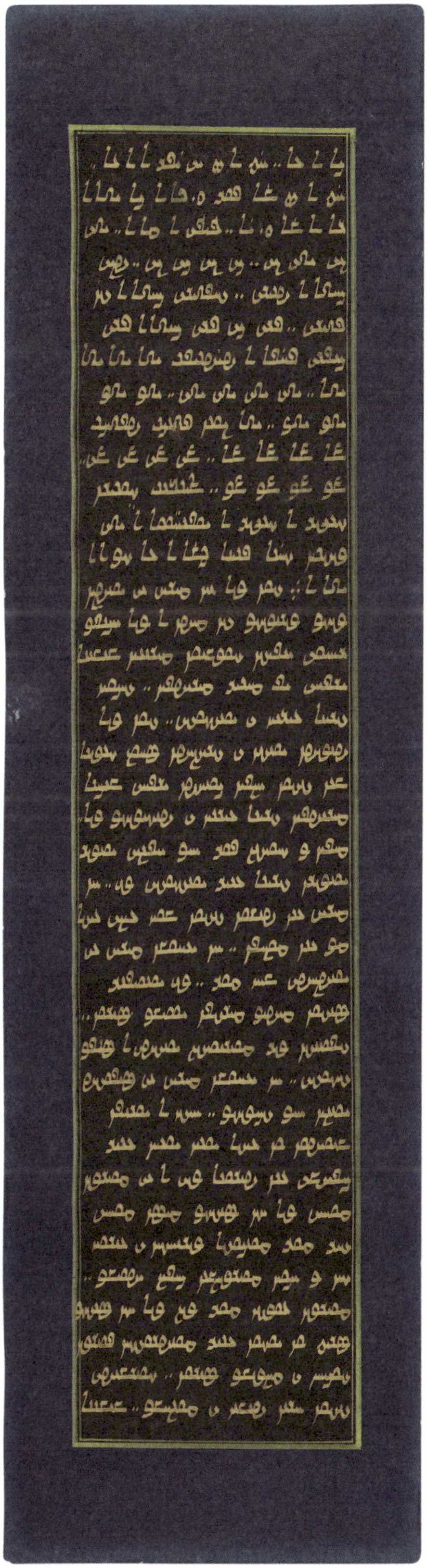

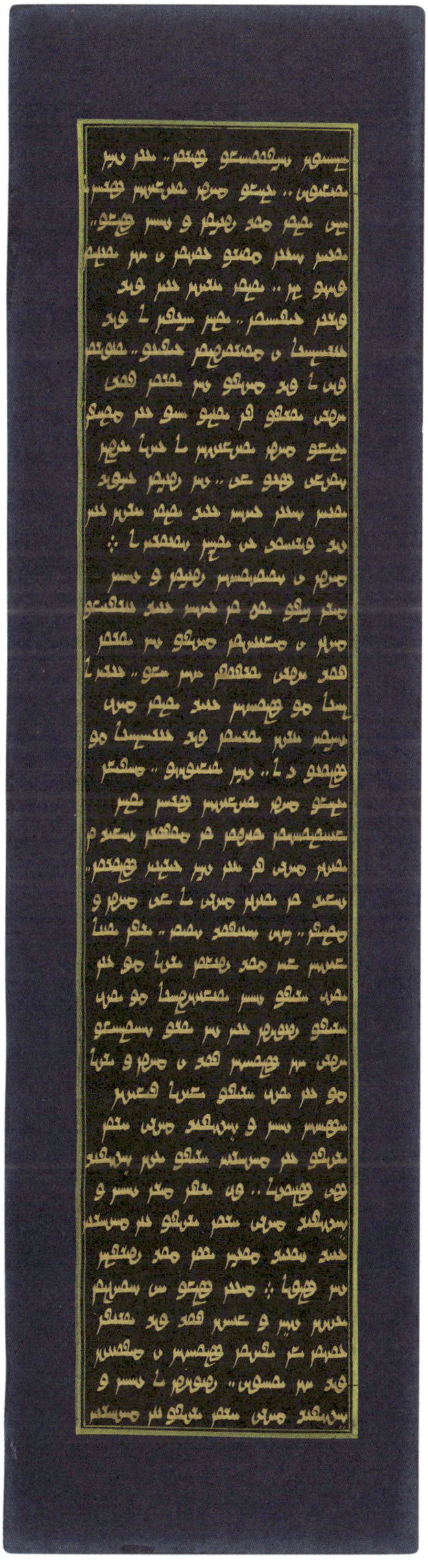

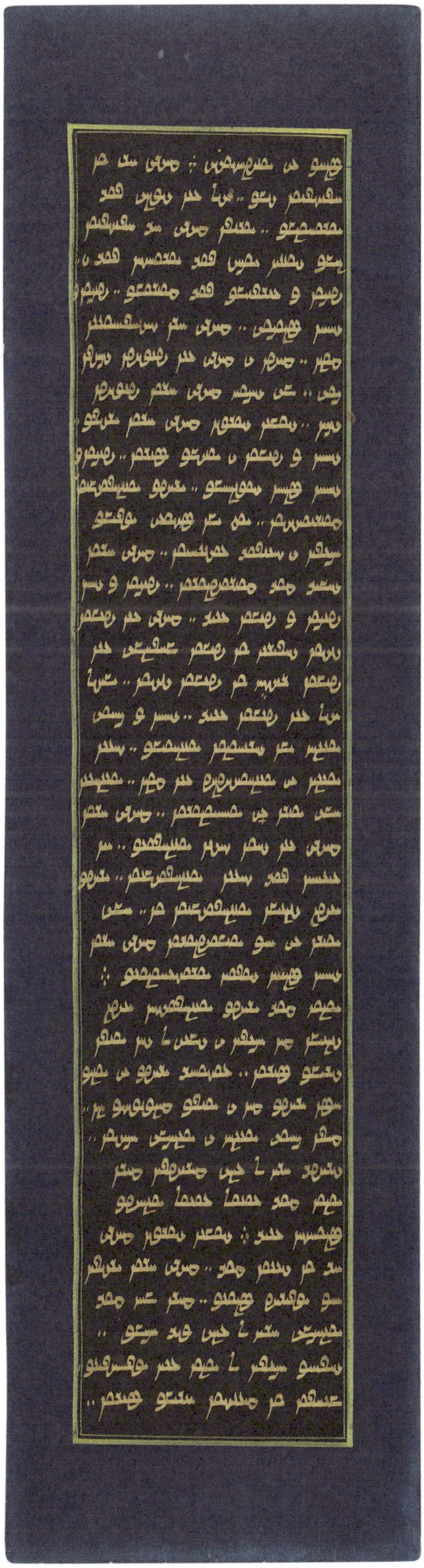

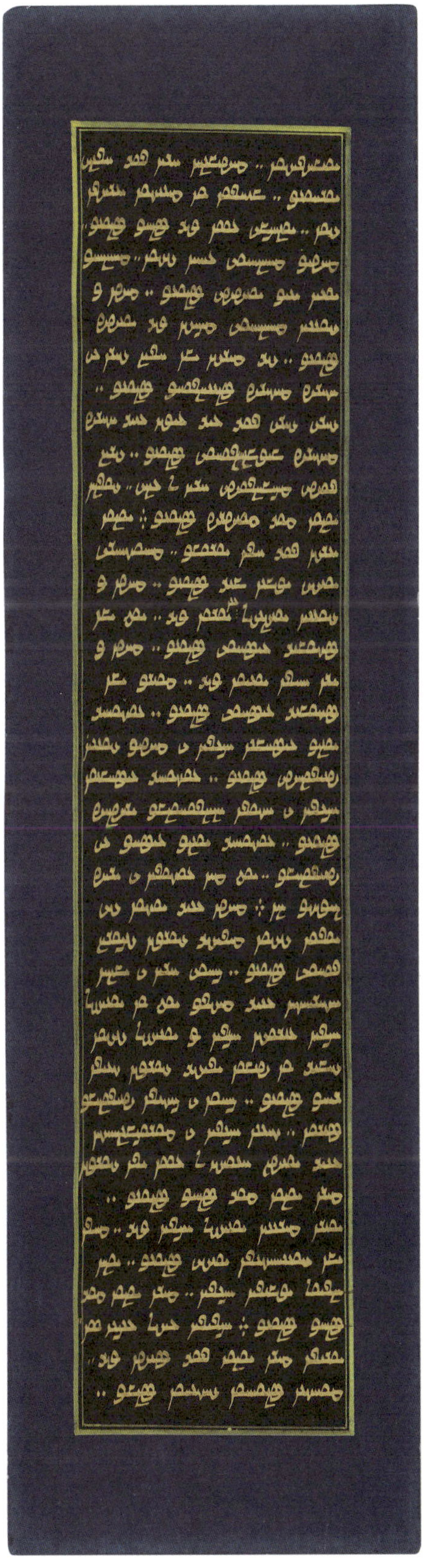

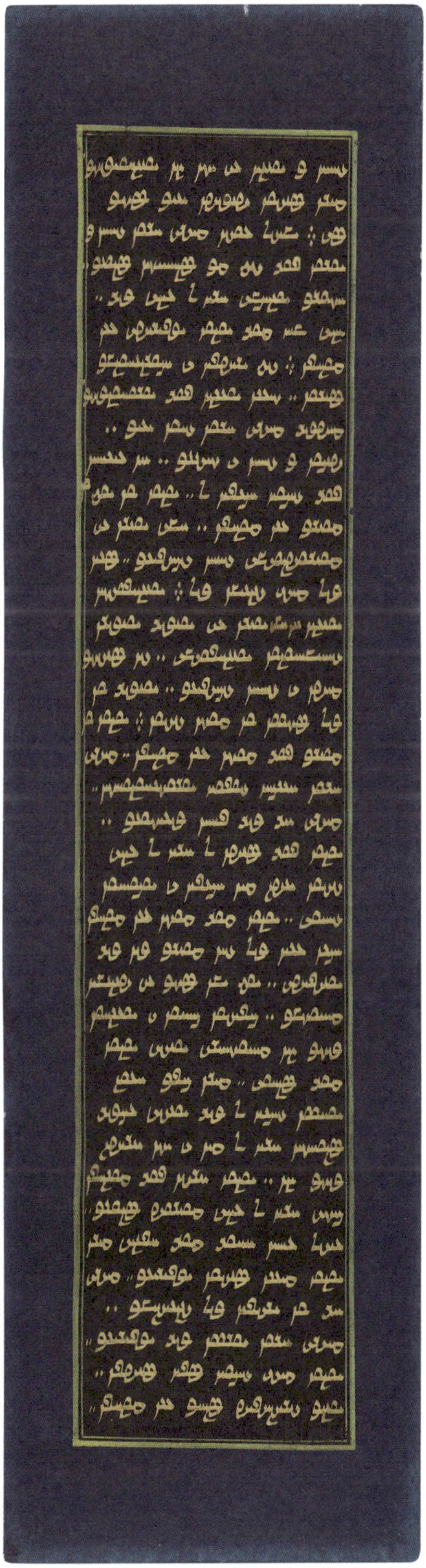

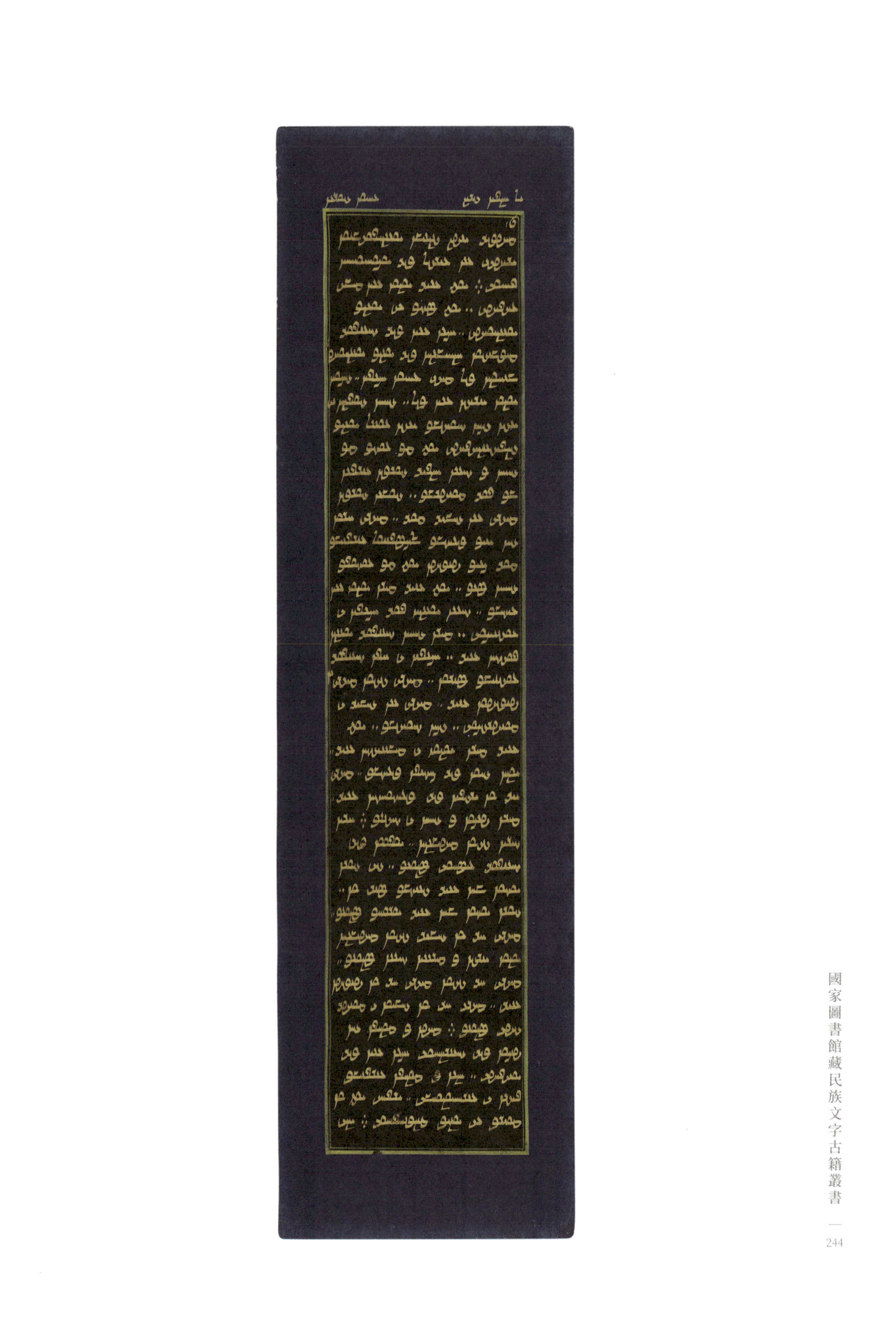

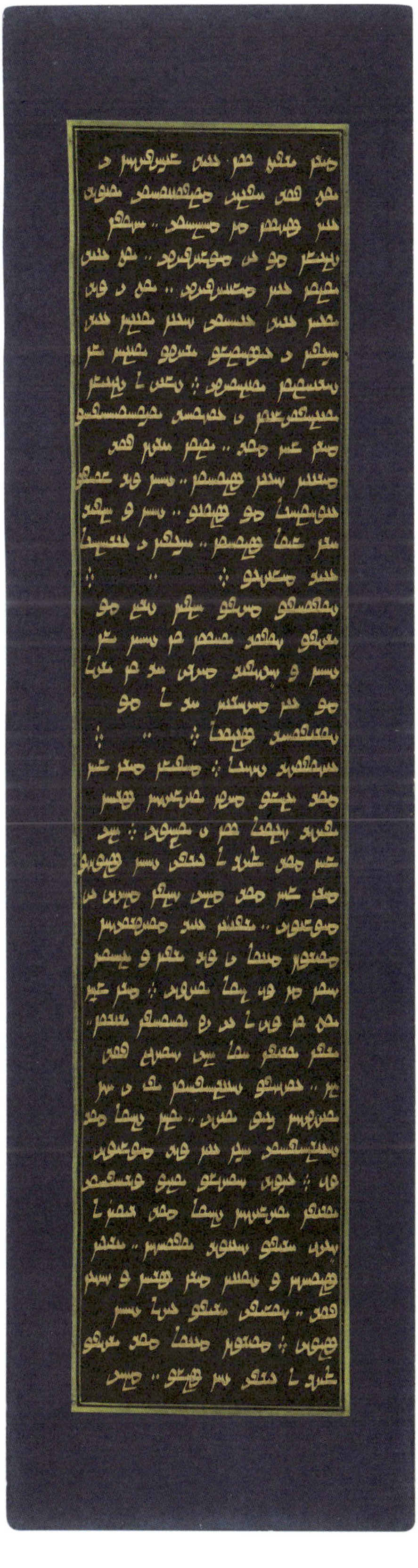

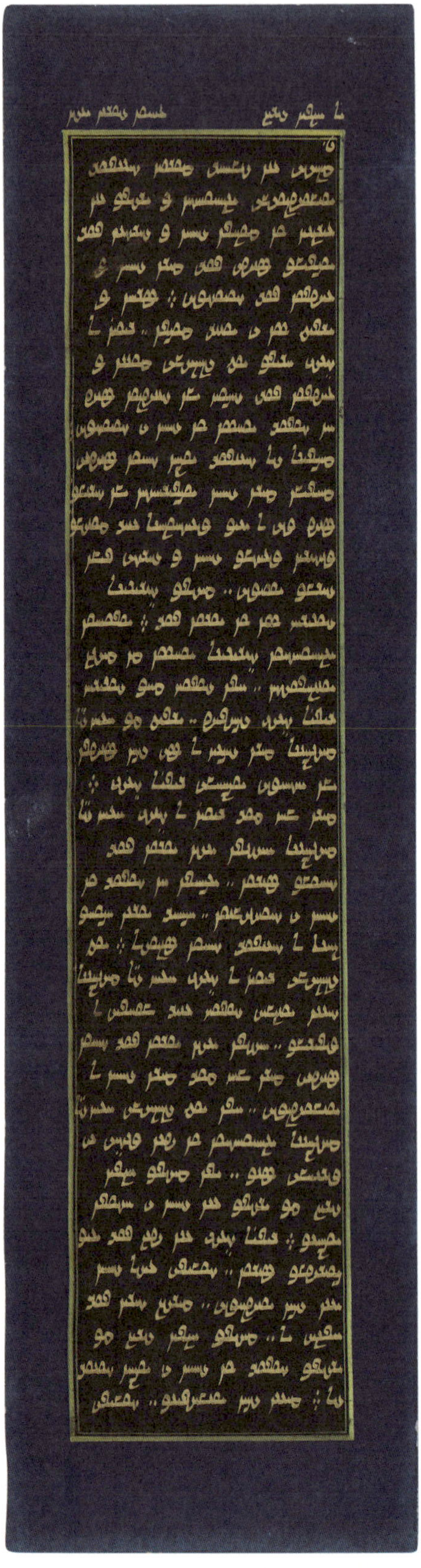

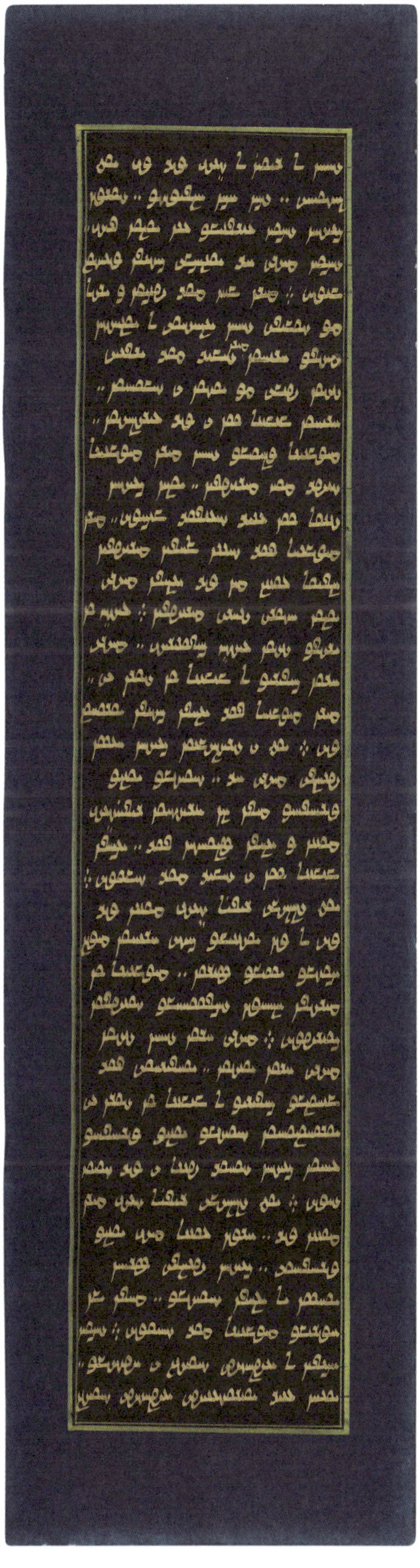

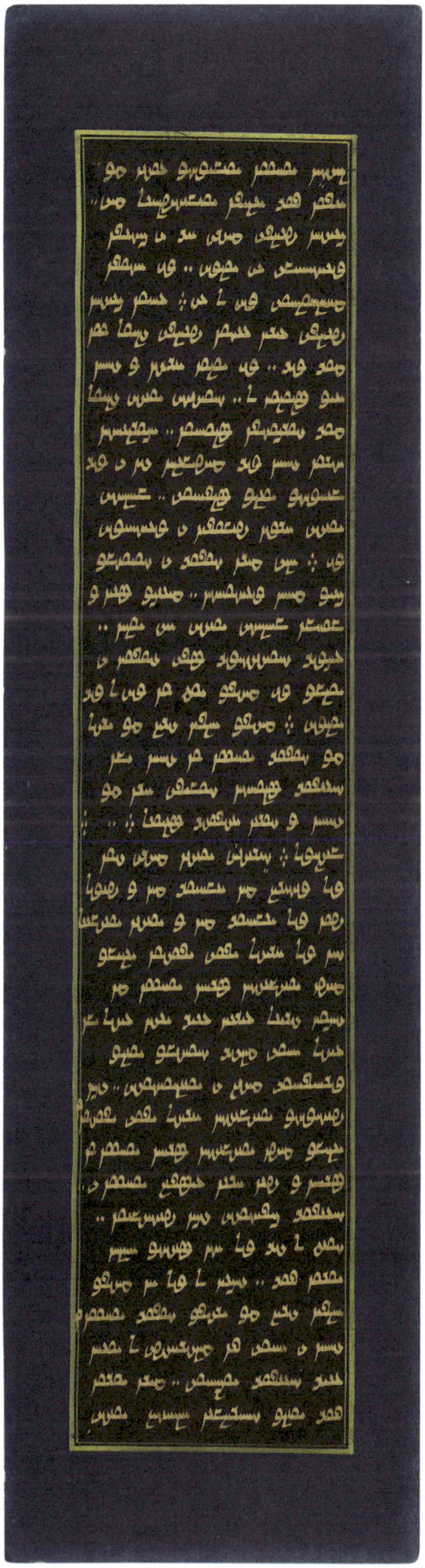

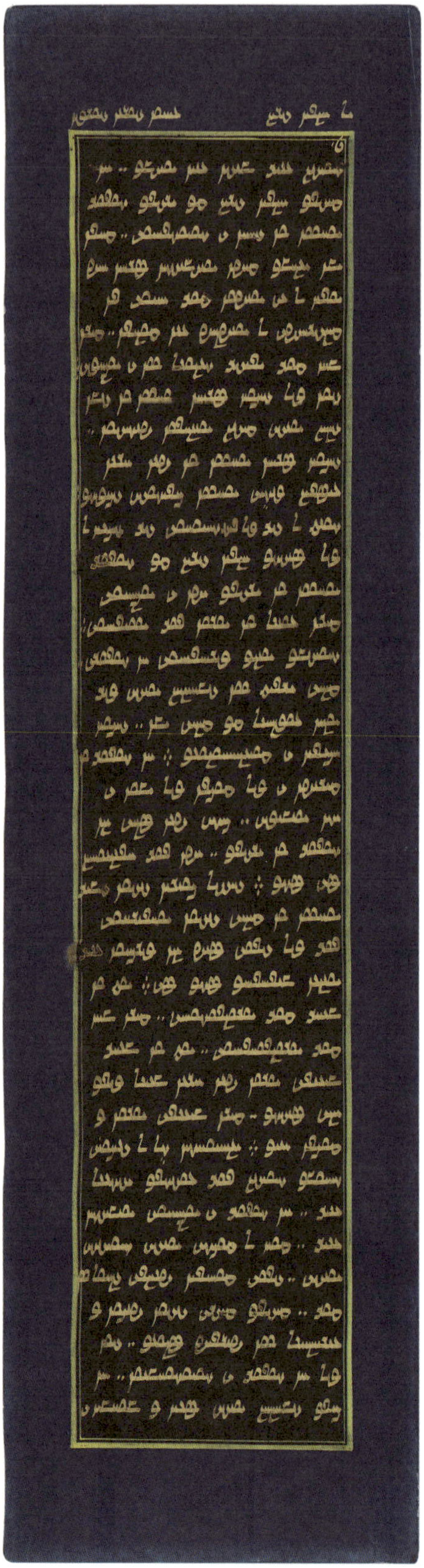

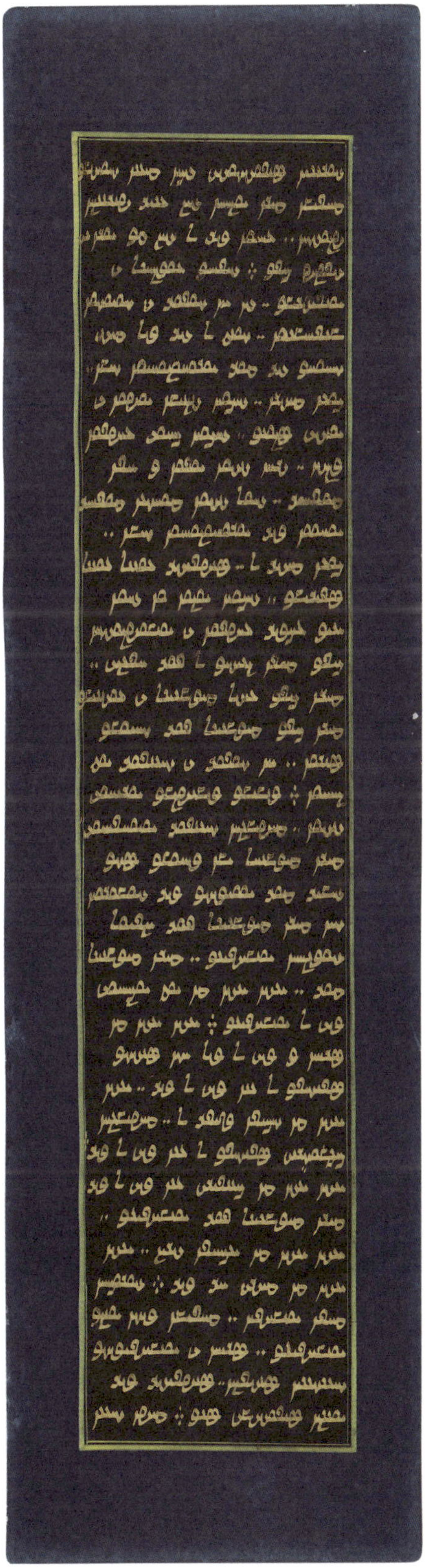

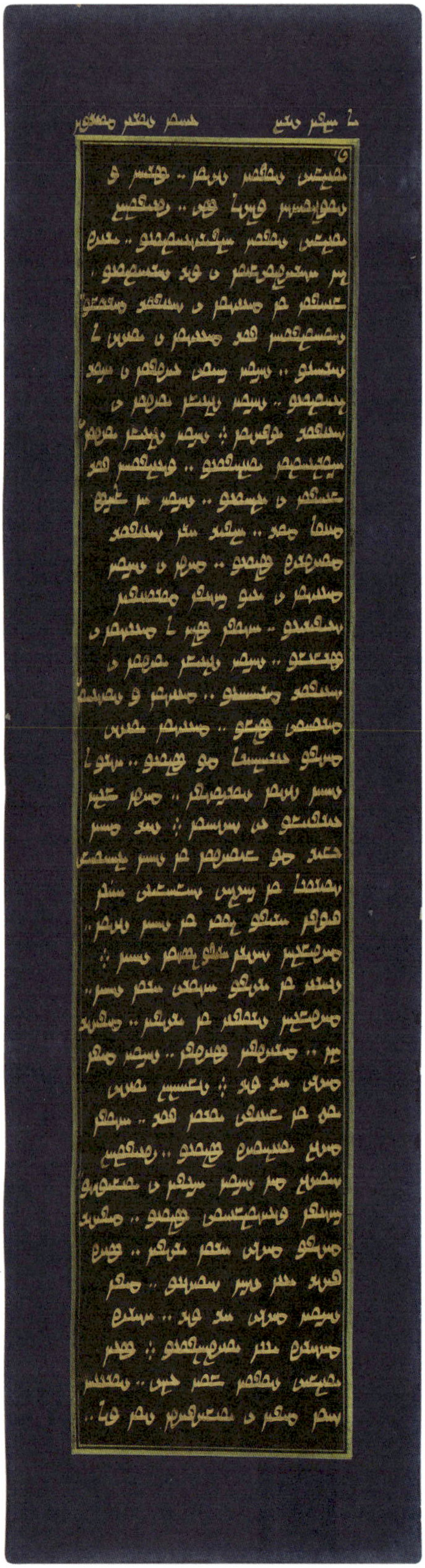

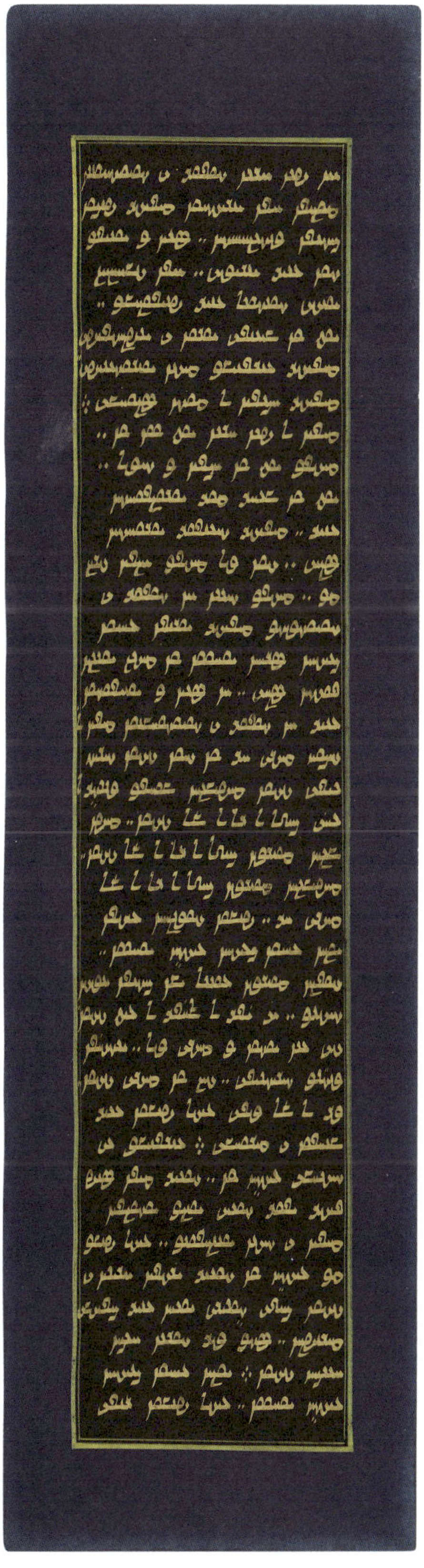

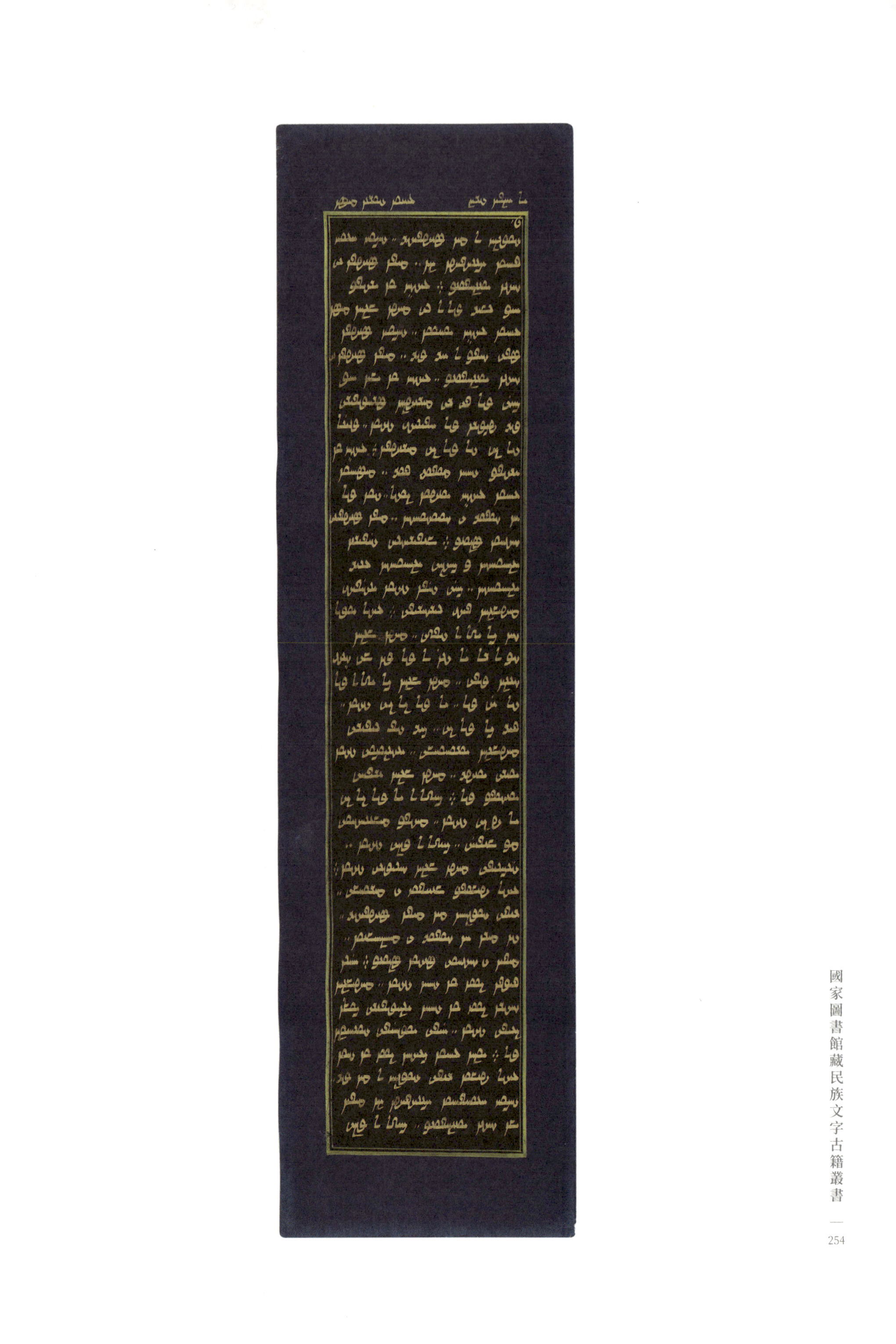

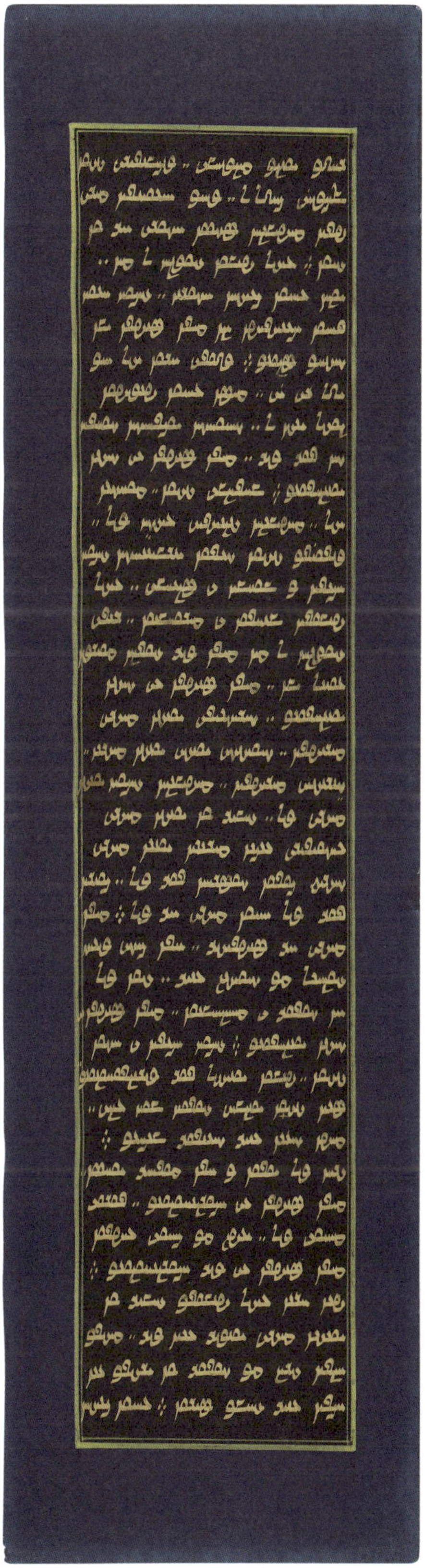

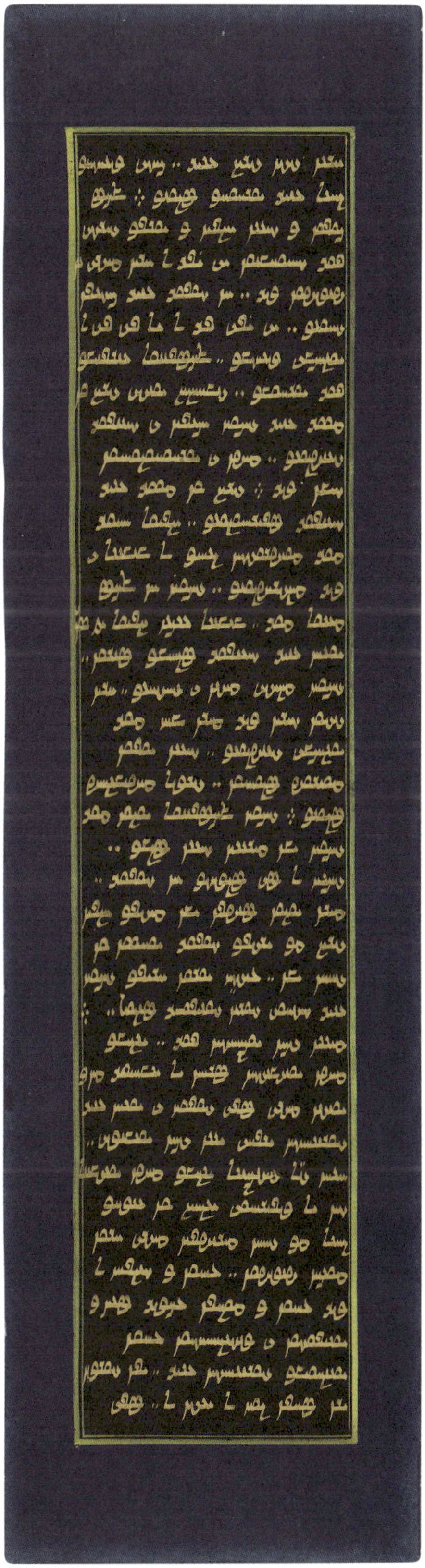

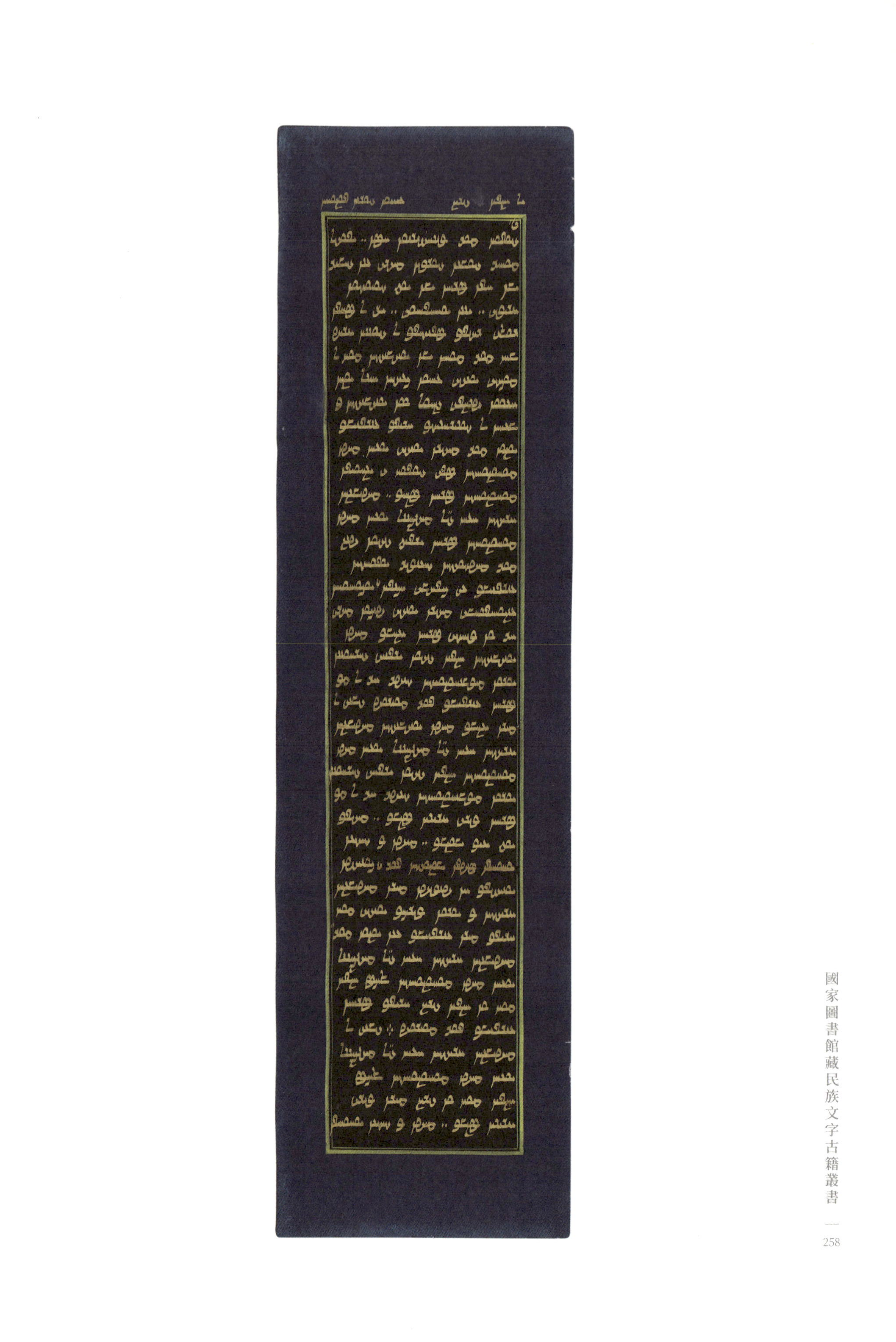

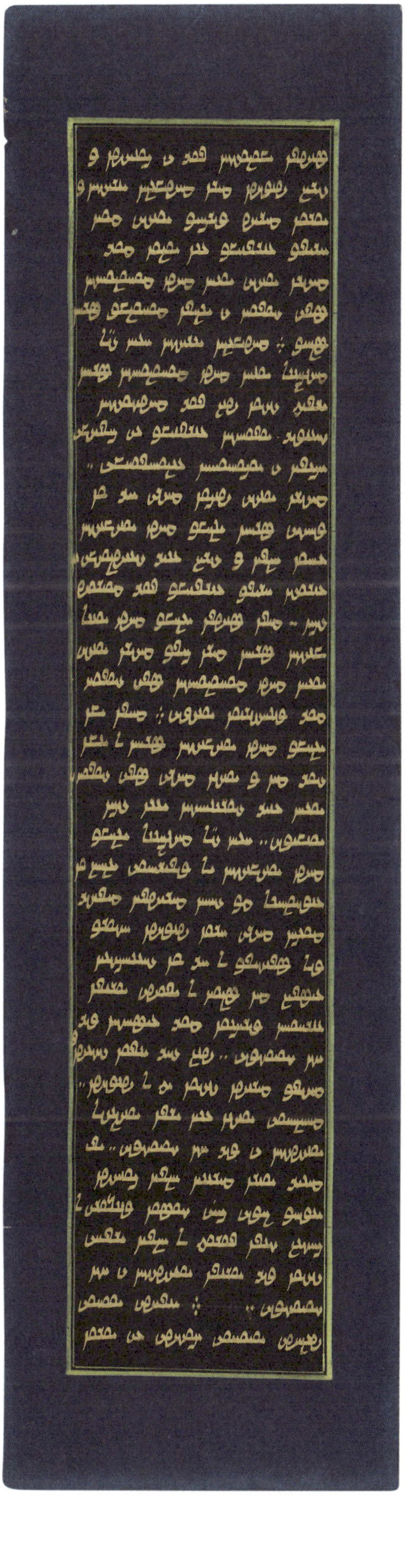

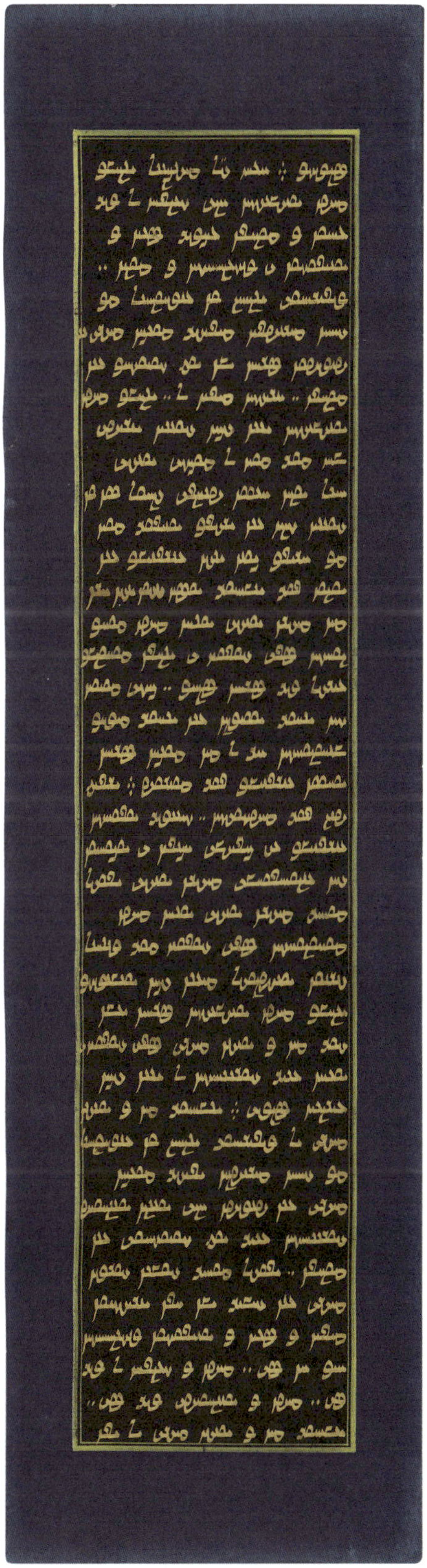

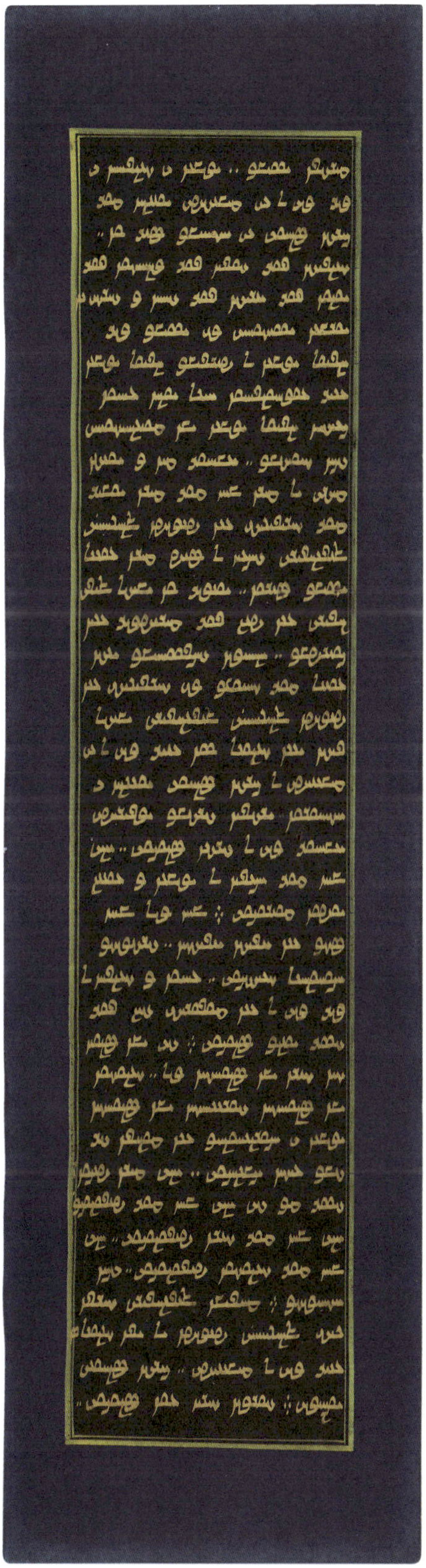

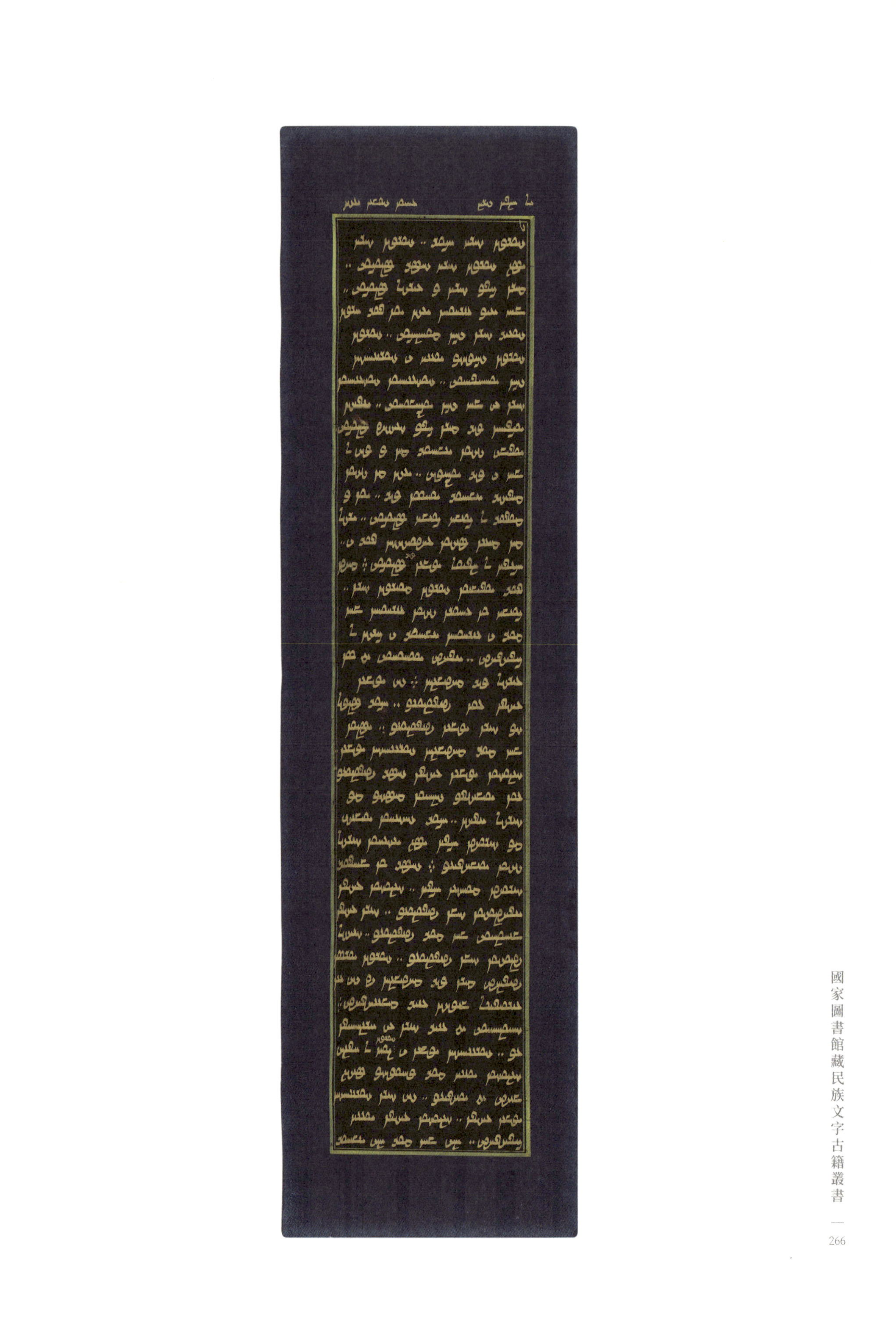

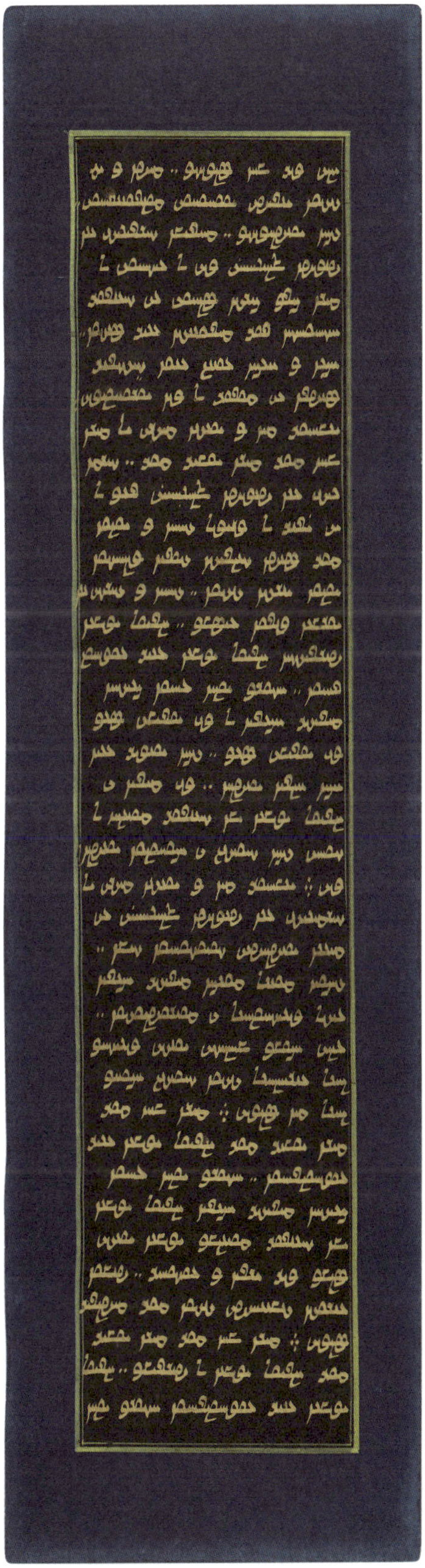

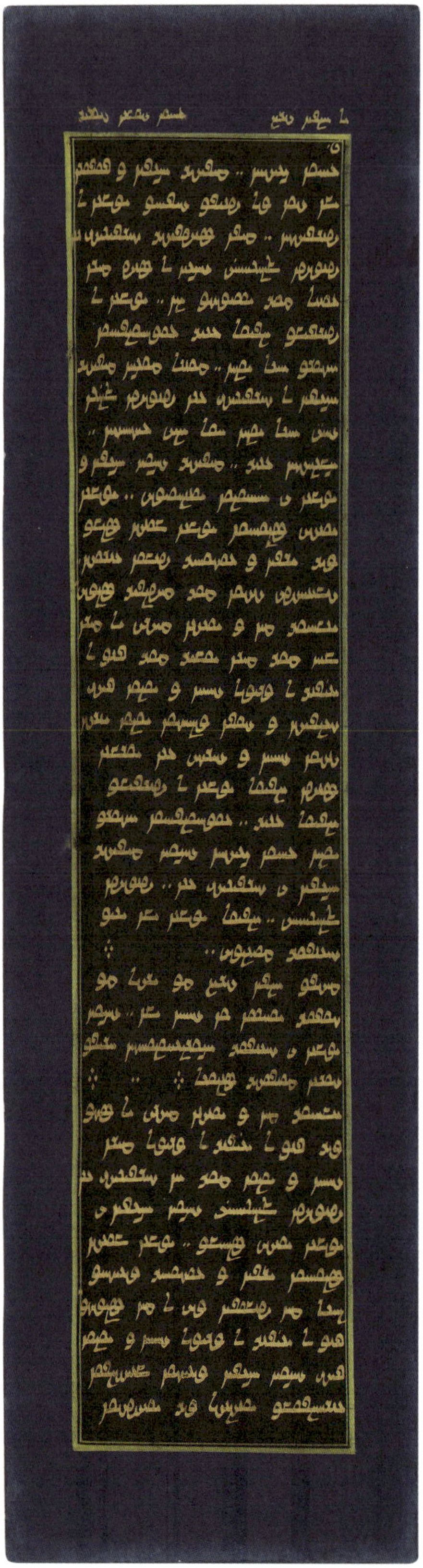

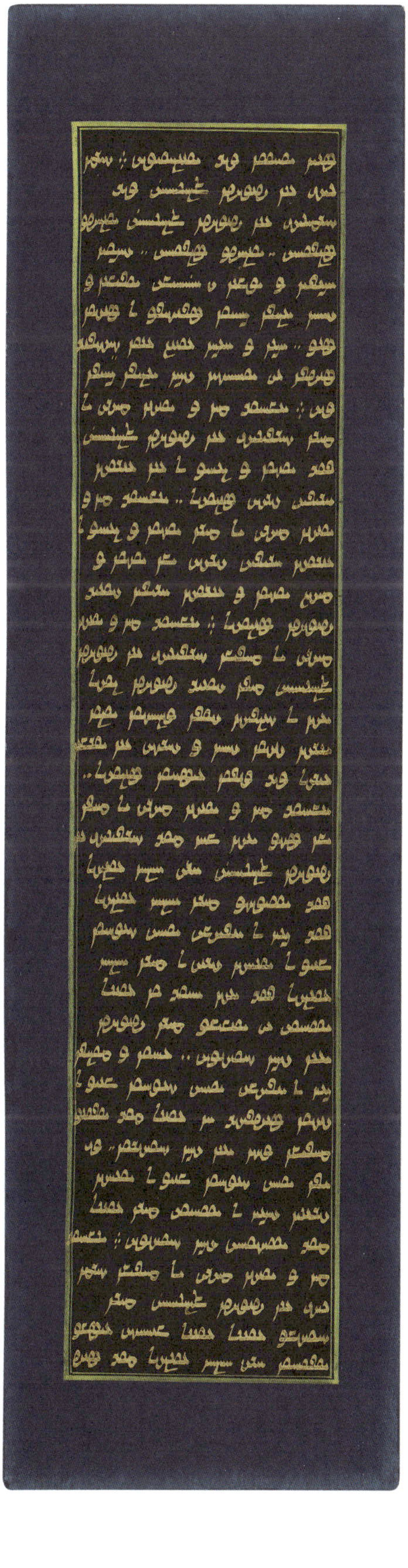

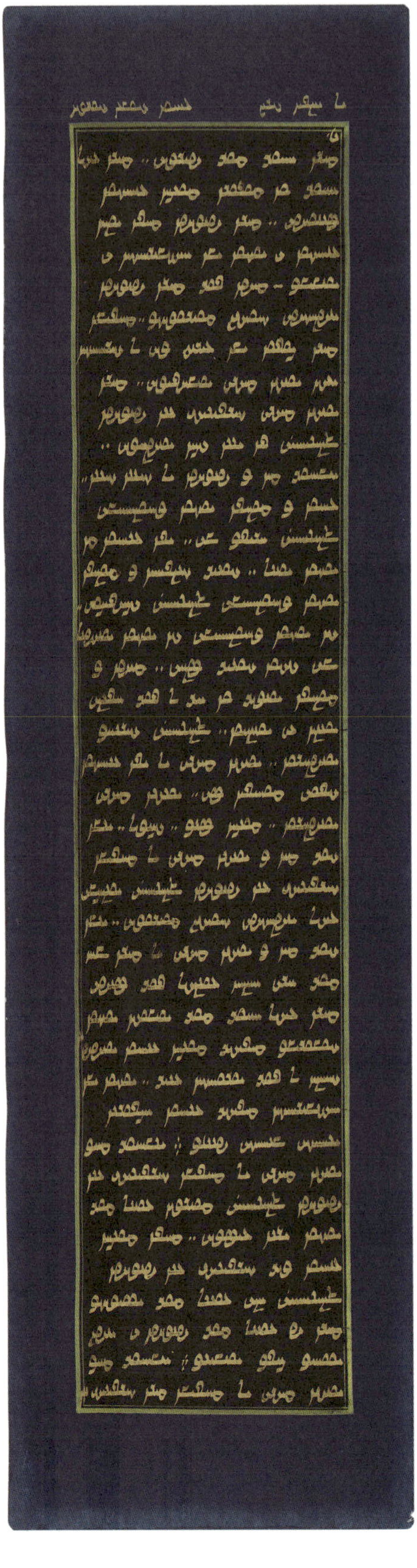

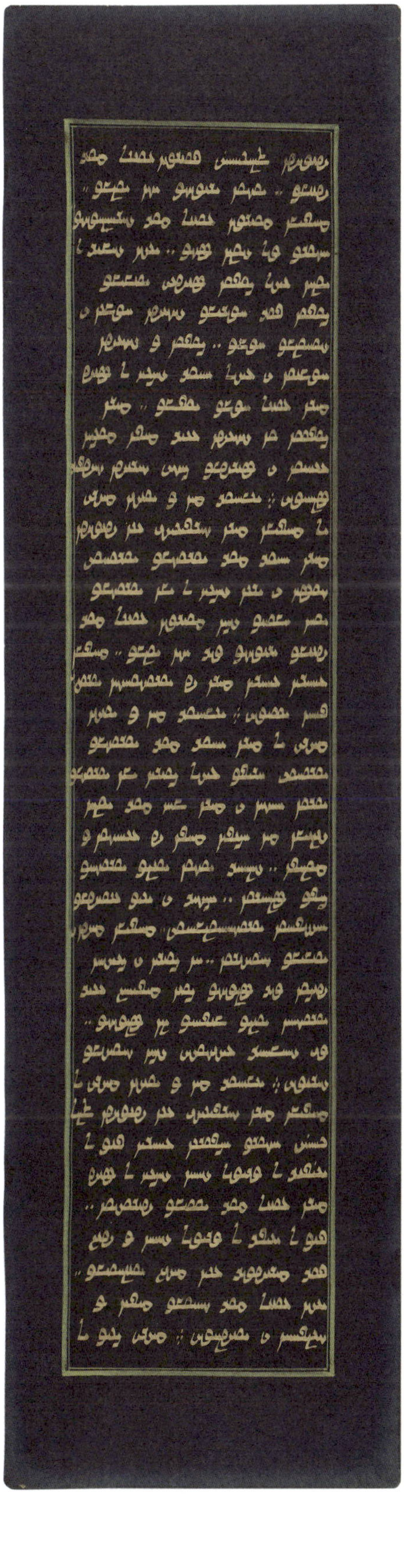

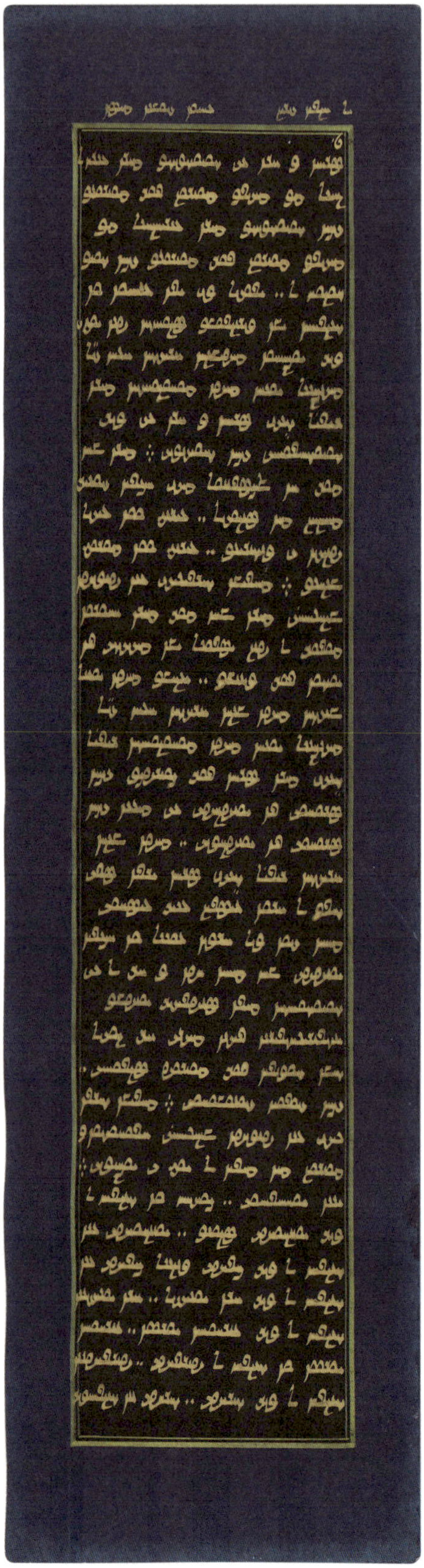

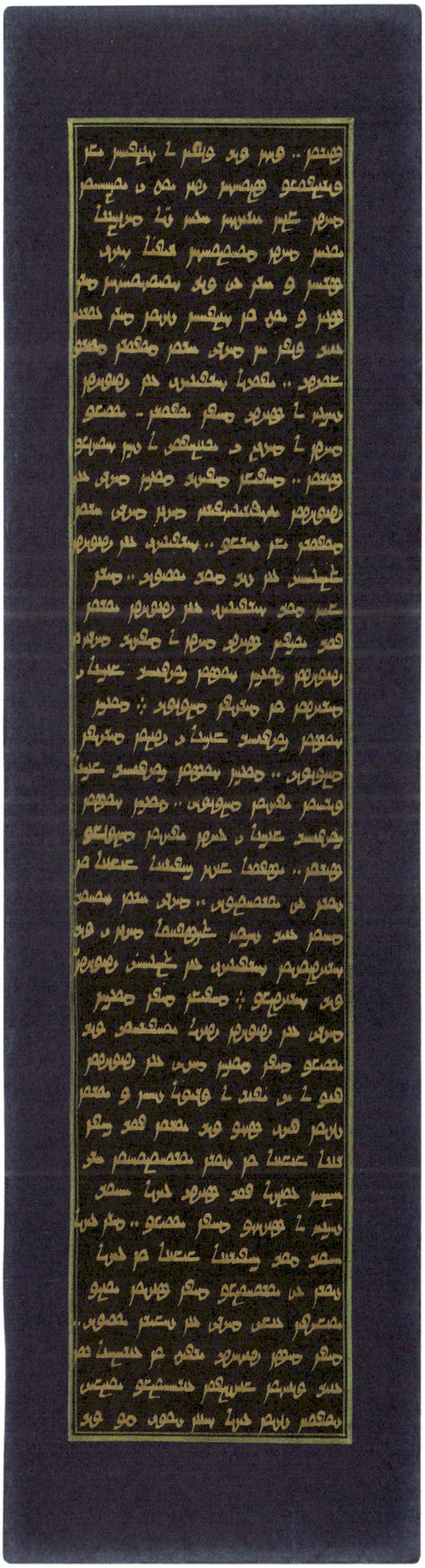

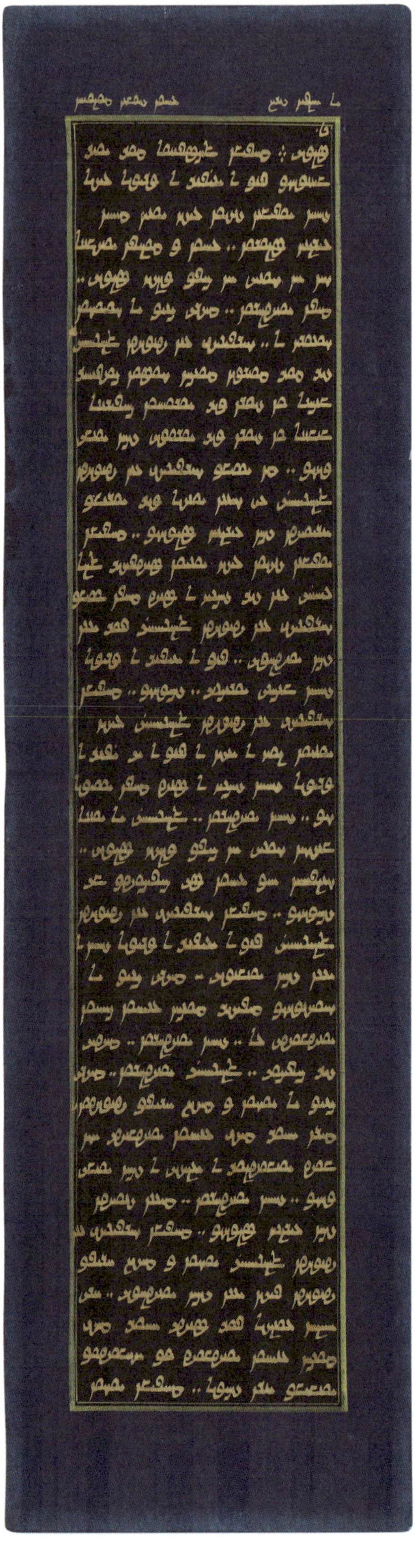

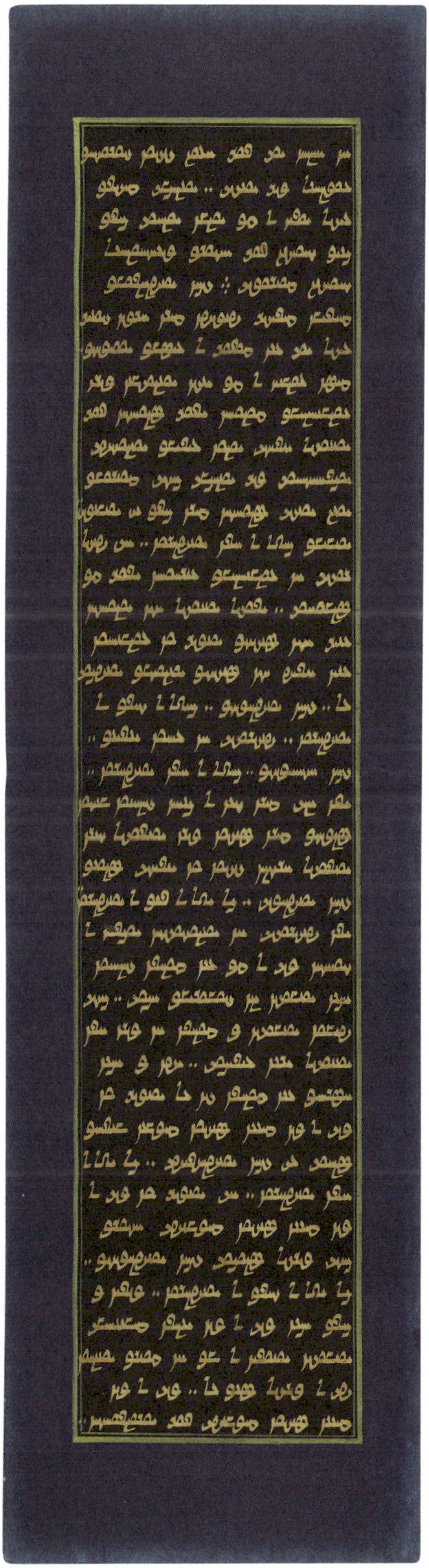

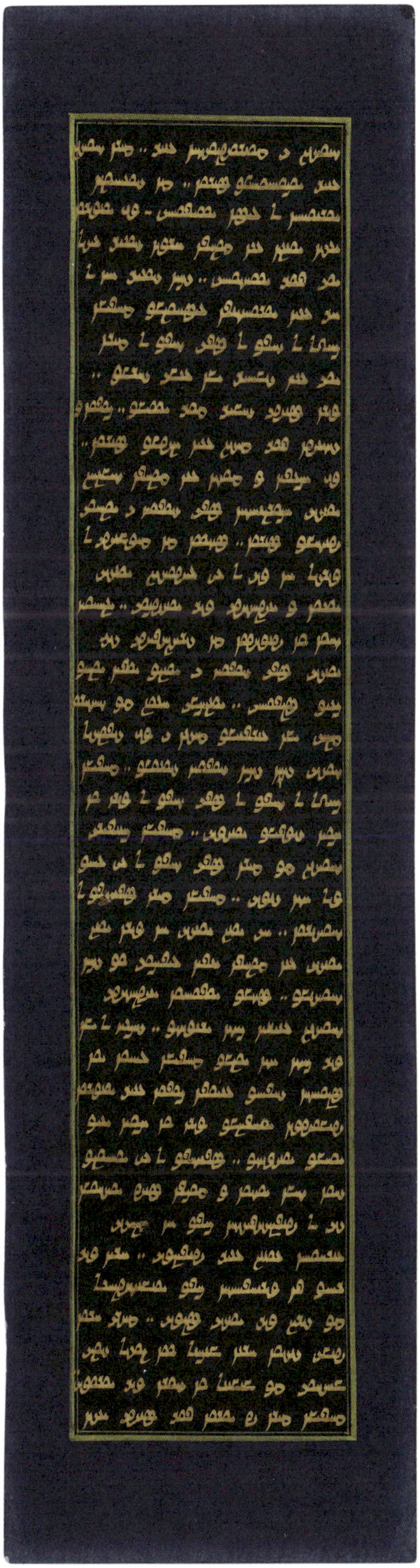

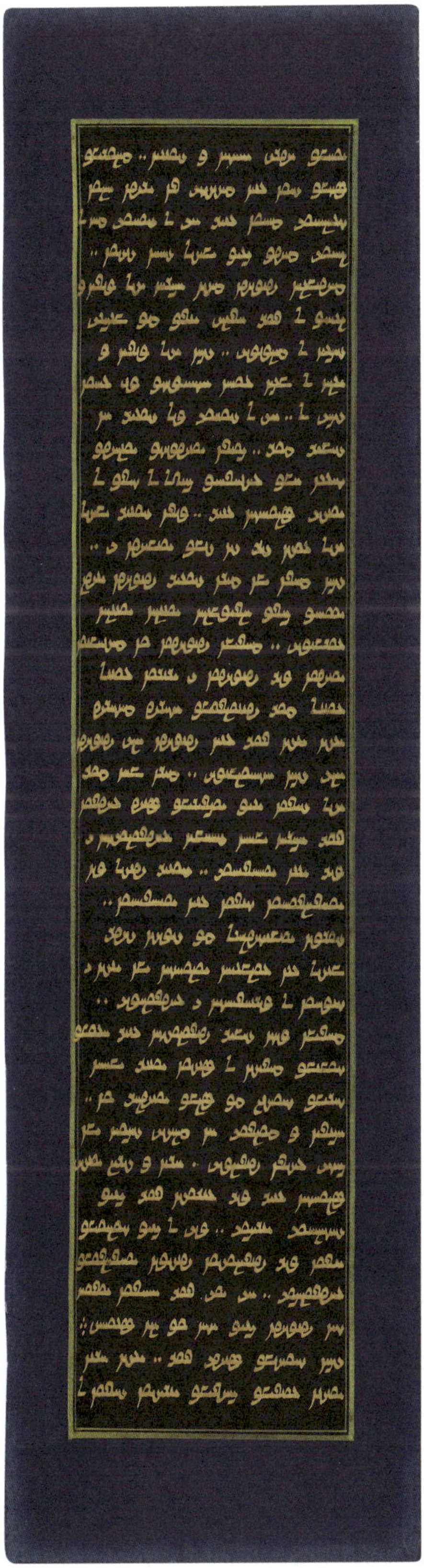

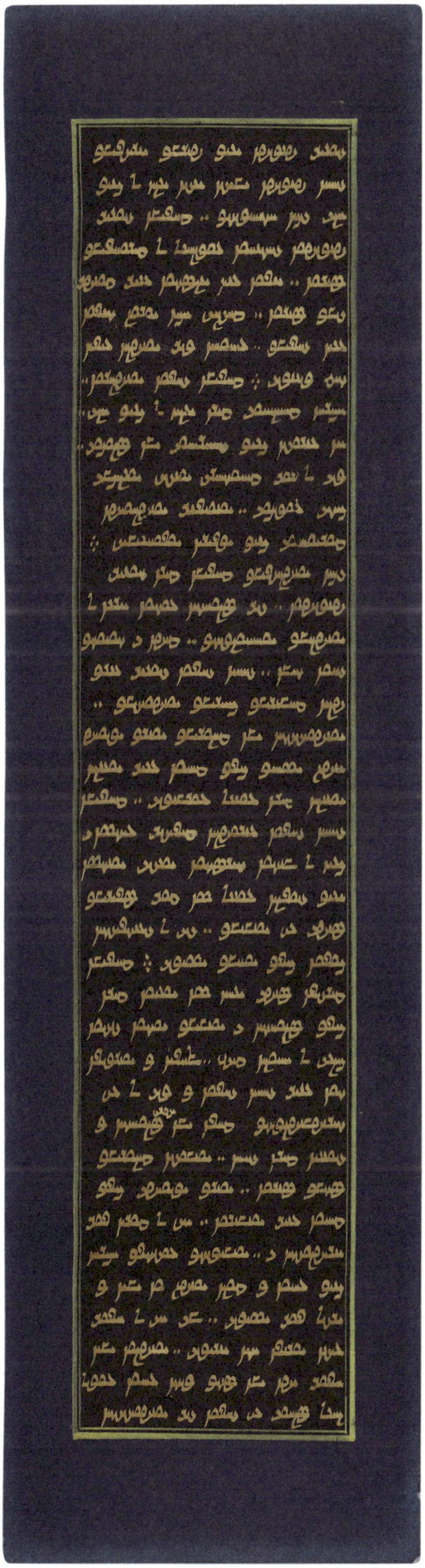

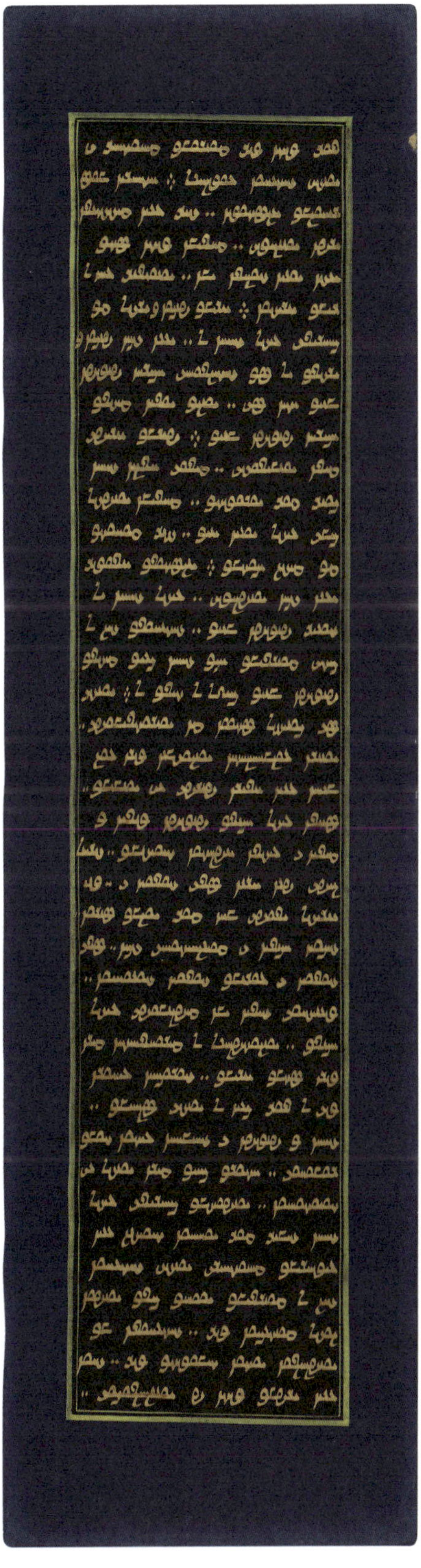

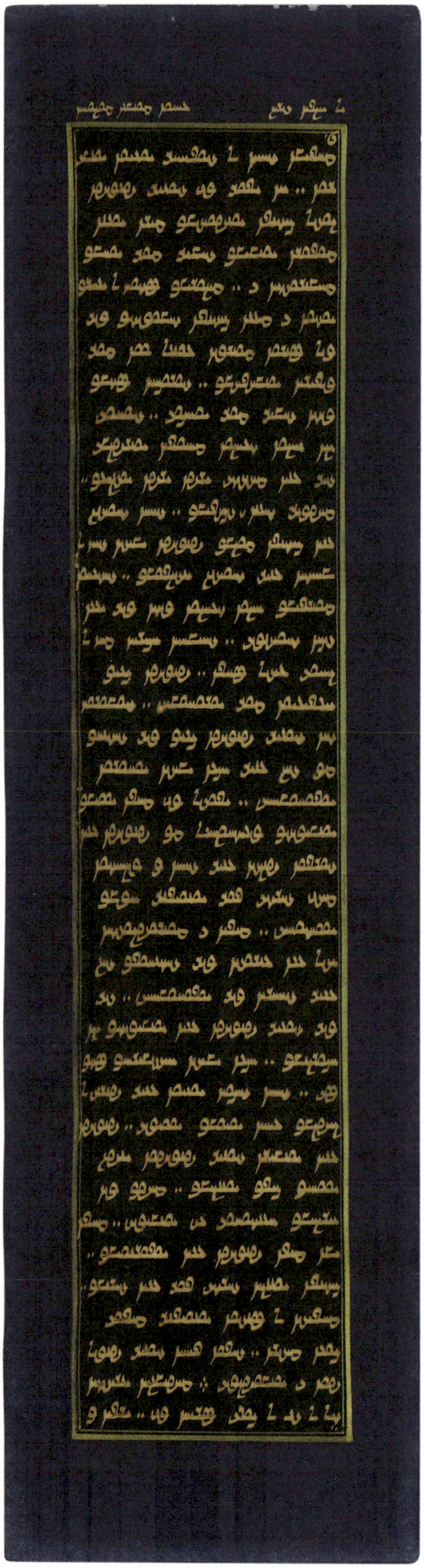

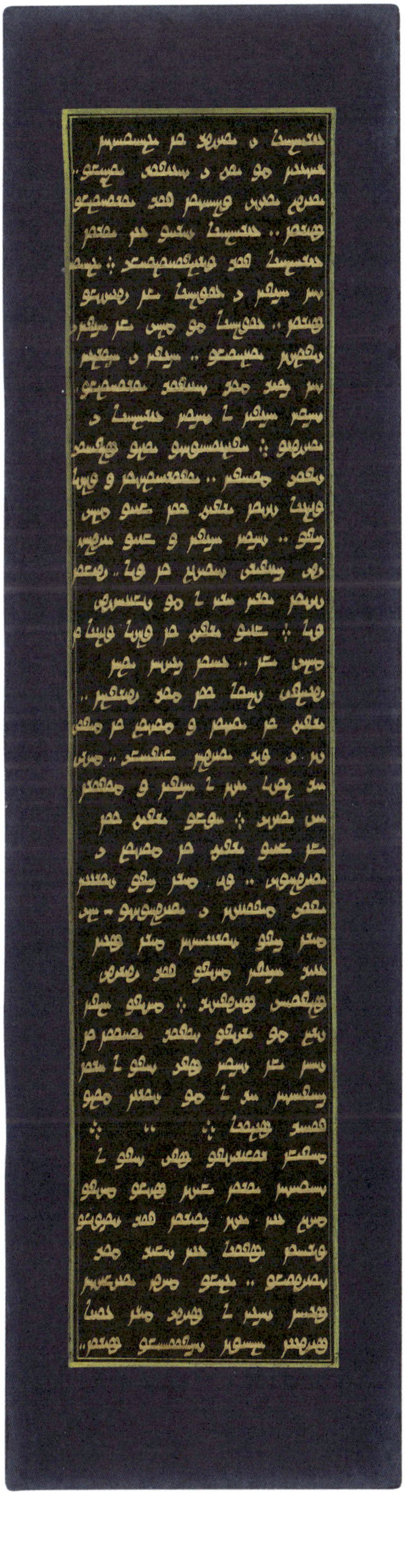

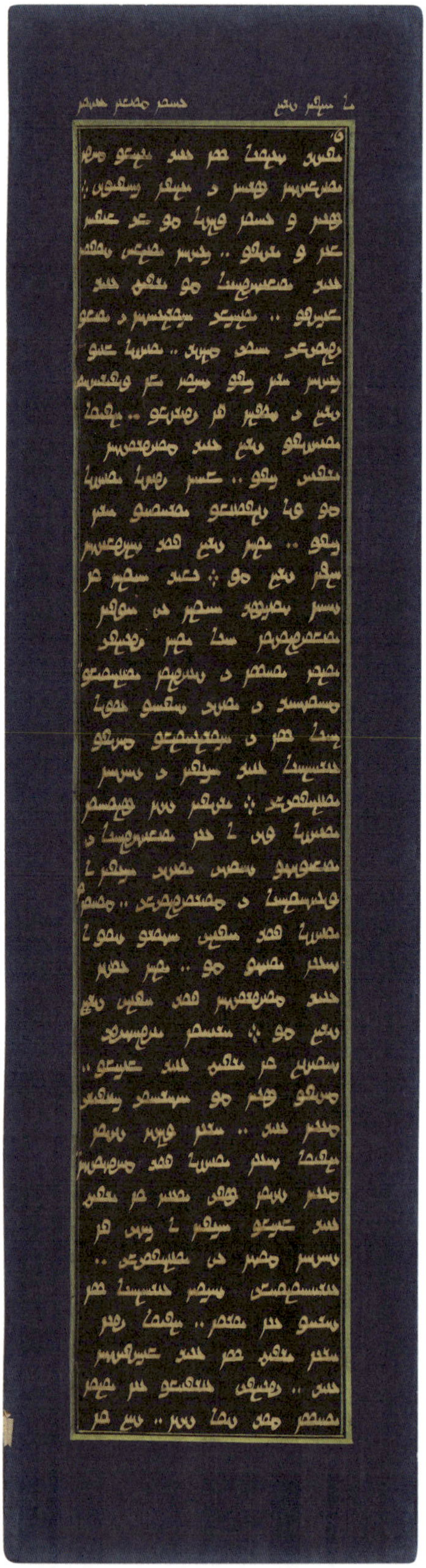

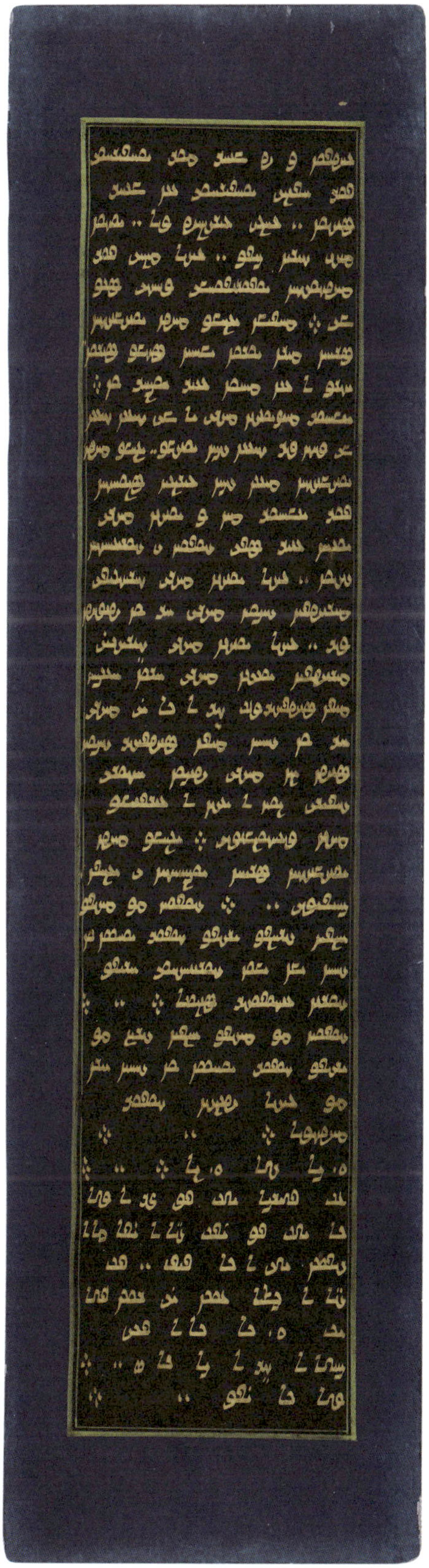

近代蒙古文　金光明最勝王經

下夾板内簾

下夾板内佛像

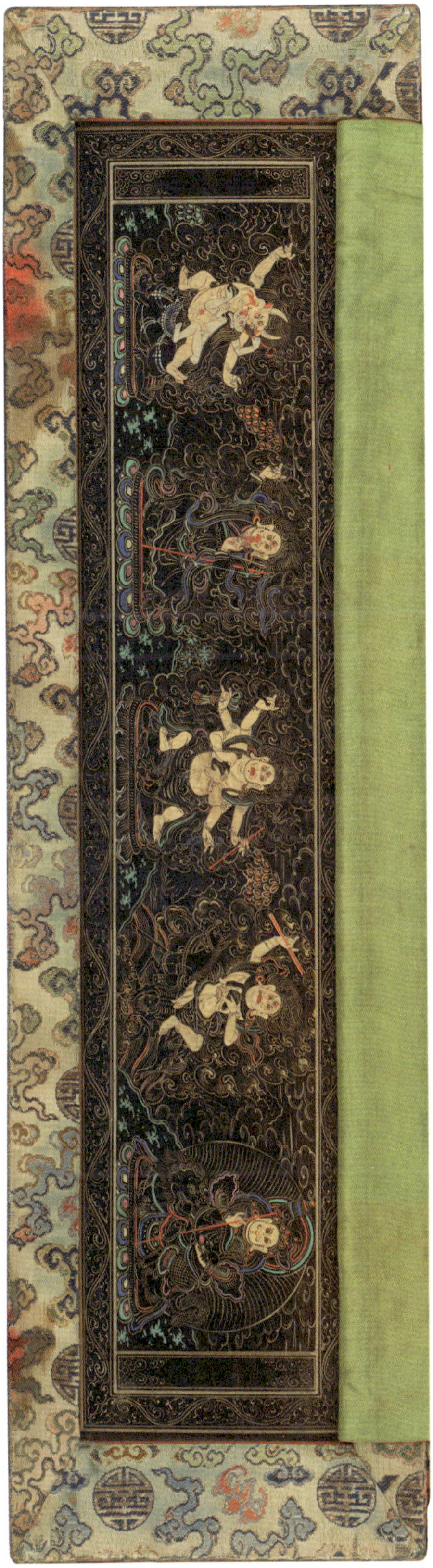

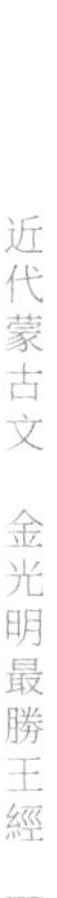

下夾板底

下護經板内

下護經板外